U0906335

本书受西南财经大学全国中国特色社会主义政治经济学研究中心
“中国特色社会主义政治经济学理论体系构建研究”项目资助

中国各区域的技术进步速度与方向比较研究

蔡晓陈 ◎ 著

图书在版编目(CIP)数据

中国各区域的技术进步速度与方向比较研究/蔡晓陈著.—成都:西南财经大学出版社,2020.9
ISBN 978-7-5504-4517-8

Ⅰ.①中…　Ⅱ.①蔡…　Ⅲ.①技术进步—区域经济发展—研究—中国
Ⅳ.①F127

中国版本图书馆 CIP 数据核字(2020)第 163213 号

中国各区域的技术进步速度与方向比较研究

ZHONGGUO GEQUYU DE JISHU JINBU SUDU YU FANGXIANG BIJIAO YANJIU

蔡晓陈　著

责任编辑	王利
封面设计	何东琳设计工作室
责任印制	朱曼丽
出版发行	西南财经大学出版社(四川省成都市光华村街 55 号)
网　　址	http://www.bookcj.com
电子邮件	bookcj@foxmail.com
邮政编码	610074
电　　话	028-87353785
照　　排	四川胜翔数码印务设计有限公司
印　　刷	郫县犀浦印刷厂
成品尺寸	170mm×240mm
印　　张	12.75
字　　数	220 千字
版　　次	2020 年 9 月第 1 版
印　　次	2020 年 9 月第 1 次印刷
书　　号	ISBN 978-7-5504-4517-8
定　　价	78.00 元

目 录

第一章 绪论

第一节 研究背景与意义

技术进步是一个国家和社会经济增长与发展的最主要的直接推动力。以当前最为活跃的信息技术革命为例，从 2G 升级到 3G、4G 后，人们的生活方式和生产方式都发生了巨大改变。在信息技术中，芯片运算速度是度量信息技术水平和进步速度的重要技术指标。然而，如果我们要度量一个国家或地区的整体技术水平或进步速度的话，就很难用可以直接度量的技术上或物理上的技术指标来衡量，而全要素生产率是这种情况下的一个替代衡量方法。虽然全要素生产率与技术进步（或者全要素生产率增长率与技术进步速度）两者有差异①，但是用全要素生产率来代替技术进步仍是当前最可行的衡量方法。

一、研究背景：科技是第一生产力

2018 年 3 月，中美贸易战爆发。经过一年多来双方的十多次谈判，到 2019 年 7 月，尚无完全解决的迹象。2020 年 8 月更是达到了冰点。与众多观察家的预计相符，从 2018 年的“中兴事件”到 2019 年的“华为限购”，中美贸易战不可避免地走向了科技战，因为双方都很清楚，决定一国真正实力的最终关键因素就在于科技力量。

纵观全球几次重大技术进步，尤其是工业技术革命，对各国竞争力无不产生巨大影响。以纺织业和蒸汽机动力为代表的第一次工业革命使得人类社会进入“蒸汽时代”，也使得英国从一个小渔村变成了世界霸主。以电力为代表的第二次工业革命使得人类社会进入“电气时代”，也极大地提高了美、德、日等国的相对竞争力。以计算机、空间技术、原子能等为代表的第三次工业技术

① 概念差异参见第二章第一节。

革命使得人类社会进入“自动化时代”，欧、美、日等大大地发展了，也极大地提高了苏联的实力。当前正在发生的以互联网应用为代表的第四次工业技术革命，使得人类社会进入“信息化时代”，也必将大大地改变各国相对实力。从目前趋势来看，“信息化时代”技术革命必将推动中华民族实现伟大复兴。

技术进步也给普通民众的生活带来了巨大的变化。例如，第一次工业技术革命使得英国纺织业获得了长足进展，把每磅（1 磅 = 0. 453 6 千克）棉花纺织成线所用时间由此前的手工作坊的 500 小时降低到近代工厂的 3 小时。这带来了纺织品价格的大幅下跌，纺织品乃至棉花的生产数量激增，内衣开始在普通民众中逐步普及。

技术进步之所以有如此巨大的作用，乃是因为它能极大地提高生产力，提供新的产品和服务。技术进步之所以能成为各国政府重要的政策考量变量，乃是因为技术是众多经济社会变量中变化较快且能推动实现“弯道超车”“蛙跳式”发展的重要手段。虽然总体来看，技术具有累积性、继承性，但是不可否认的是，有一定基础但是技术较为落后的国家能通过布局新一代技术，从而实现技术上的反超。诚如马歇尔所说，“自然没有飞跃”，但是技术是更为容易变动的变量，技术的飞跃与跨越在理论上有可能性，实践上也不乏成功先例。

改革开放之初，中国决策者就充分认识到了科技进步对经济社会发展的巨大促进作用，做出了“科学技术是第一生产力”的科学论断。1975 年，邓小平指导起草《中国科学院工作汇报提纲》，就以马克思“生产力中包括科学”的论述为依据，指出科学技术是生产力。1978 年 3 月 18 日，全国科学大会在北京召开，邓小平在讲话中指出，脑力劳动者的绝大多数已经是无产阶级自己的一部分，四个现代化的关键是科学技术的现代化，并提出“科学技术是生产力”的科学论断。1988 年，邓小平在同捷克斯洛伐克总统胡萨克谈话时进一步指出：“马克思说过，科学技术是生产力，事实证明这话讲得很对。依我看，科学技术是第一生产力。”

“科学技术是第一生产力”这一科学的、有力的论断，深刻揭示了科学技术在社会经济发展中的地位和作用，丰富和发展了马克思主义的生产力学说，给中国的科技体制的改革与发展提供了强大的理论动力，点燃了中国科技创新的圣火，也给中国的社会主义现代化建设指明了方向。1985 年，全国科技工作会议提出改革科技体制；1985 年，中国科技体制改革的第一计划——“星火计划”诞生；1995 年，全国科技大会提出“科教兴国”战略；1999 年，全国技术创新大会提出进一步实施“科教兴国”战略，建设国家知识创新体系，加速科技成果向现实生产力转化；2006 年，全国科技大会提出要建设创新型国家，发布《国家中长期科学和技术发展规划纲要（2006—2020 年）》；2012 年 7 月，中共中央、国务院在北京召开全国科技创新大会，大会提出了《关于深化科技体制改革 加快国家创新体系建设的意见》。2016 年 5 月 30 日召开的全国科技创新大会提出：大力实施科教兴国战略和人才强国战略，坚持自主创新、重点跨越、支撑发展、引领未来的指导方针，全面落实国家中长期科学和技术发展规划纲要，以提高自主创新能力为核心，以促进科技与经济社会发展紧密结合为重点，进一步深化科技体制改革，着力解决制约科技创新的突出问题，充分发挥科技在转变经济发展方式和调整经济结构中的支撑引领作用，加快建设国家创新体系，为全面建成小康社会进而建设世界科技强国奠定坚实基础。正是由于极为重视科学技术创新，中国的科技研发投入突飞猛进，研发投入强度①已于 2013 年达到了以 OECD 即经济合作与发展组织国家为代表的发达国家 2%的平均水平，如图 1-1 和表 1-1 所示。

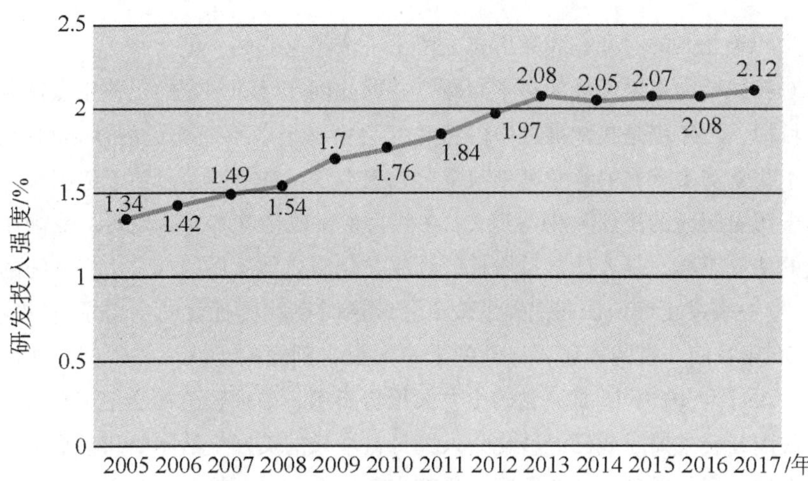

图 1-1　中国研发投入强度变化

① 研发投入强度是指国家或地区研发投入总量与国内或地区生产总值之比。它是国际上通用的反映一个国家或地区科技投入水平的重要指标。

表 1-1 部分发达国家以及 OECD 成员研发投入强度

国家	研发人员数量/人	研发人员占劳动力比重/%	研发支出/10 亿美元	研发强度/%
美国	1 412 639	0.89	398.2	2.8
日本	655 530	1.00	137.9	3.4
德国	311 519	0.74	82.7	2.8
法国	229 130	0.80	48	2.2
韩国	236 137	0.96	43.9	3.3
OECD	4 199 512	0.70	965.6	2.4

二、研究意义：全要素生产率与高质量发展

党的十九大的召开在我党历史上留下了浓墨重彩的一笔。

对我国社会主要矛盾的科学判断，并据此确定党和国家的工作重点任务和奋斗目标，历来都是我党推进中国特色社会主义事业不断前进的基础和前提，体现了我党实事求是的哲学基础与重要思想方法。1981 年，《关于建国以来党的若干历史问题的决议》中写道："在社会主义改造基本完成以后，我国所要解决的主要矛盾，是人民日益增长的物质文化需要同落后的社会生产之间的矛盾。"这一表述正确认识和把握了改革开放新时期我国社会的主要矛盾，成为此后 36 年我们一贯的表述，从党的十三大报告到党的十八大报告都是如此表述的。2017 年 10 月 18 日，党的十九大报告指出，中国特色社会主义进入新时代，我国社会主要矛盾已经转化为人民日益增长的美好生活需要和不平衡不充分的发展之间的矛盾。社会主要矛盾的变化标志着中国特色社会主义取得重大历史性成就，解决了十四亿人口的温饱问题，总体上实现小康，标志着人民需要的拓展提升、经济社会发展的前进上升，也反映了人民美好生活需要日益广泛，不仅对物质文化生活提出了更高要求，而且在民主、法治、公平、正义、安全、环境等方面的要求日益增长。

党的十九大报告还指出，中国经济由高速增长阶段转向高质量发展阶段。"高质量发展阶段"这一表述是继 2014 年 11 月"新常态"这个发展阶段表述后的又一新表述。高质量发展阶段是对新常态的继承与具体化。"高质量发展"这一新概念被提出后，众多学者对它的内涵、特征尤其是实现路径做了

众多研究，目前的一个基本共识是：要以提高全要素生产率推动高质量发展（蔡昉，2018，《人民日报》海外版）。

蔡昉指出：经济史表明，全要素生产率的高低可以在很大程度上解释一国经济发展成败的原因。我国改革开放前后发展绩效的对比，也显示了提高全要素生产率的关键作用。长期以来，我们一直把提高劳动生产率即单位劳动投入创造的产值作为衡量经济发展水平、质量及可持续性的重要指标。这个指标具有高度综合性，可以作为衡量经济发展质量的重要标准。同时还应看到，全要素生产率能够更好地兼顾高质量发展的目的与手段，提供了可持续提高劳动生产率的途径。我们可以从提高劳动生产率的三种途径来认识二者之间的关系。

实际上，"全要素生产率"这一不为普通公众所熟悉的经济学专业词汇早在 2015 年 3 月李克强所做的政府工作报告中就已被首次提出。下面我们来看看"全要素生产率"这一词汇出现在国家领导人和政府文件中的时间点：

（1）2015 年 3 月 5 日，国务院政府工作报告。国务院总理李克强在政府工作报告中指出，要增加研发投入，提高全要素生产率，加强质量、标准和品牌建设，促进服务业和战略性新兴产业比重提高、水平提升，优化经济发展空间格局，加快培育新的增长点和增长极，实现在发展中升级、在升级中发展。

（2）2015 年 12 月 7 日，"十三五"规划编制工作国内外专家座谈会。李克强总理在会上指出，规划要突出提高发展的质量和效益。把体制创新和科技创新有机结合起来，提升全要素生产率，推动经济增长从主要依赖自然资源向更多依靠人力资源转变。通过细化目标和硬化举措，引导地方、行业、部门把这方面要求变成自身追求。进一步加大研发投入，进一步加大人力资源投入，保护知识产权，提升国民素质，改善生态环境，提高创新对经济增长的贡献率。

（3）2015 年 12 月 18 日，中央召开经济工作会议。会议认为，必须锐意改革、大胆创新，必须解放思想、实事求是、与时俱进，按照创新、协调、绿色、开放、共享的发展理念，在理论上做出创新性概括，在政策上做出前瞻性安排，加大结构性改革力度，矫正要素配置扭曲，扩大有效供给，提高供给结构适应性和灵活性，提高全要素生产率。

（4）2016 年 1 月 18 日，习近平在学习贯彻党的十八届五中全会精神专题研讨班上发表讲话，指出，供给侧结构性改革，重点是解放和发展社会生产力，用改革的办法推进结构调整，减少无效和低端供给，扩大有效和中高端供给，增强供给结构对需求变化的适应性和灵活性，提高全要素生产率。

（5）2016 年 1 月 26 日，习近平在中央财经领导小组第十二次会议上发表讲话，指出，供给侧结构性改革的根本目的是提高社会生产力水平，落实好以人民为中心的发展思想。要在适度扩大总需求的同时，去产能、去库存、去杠杆、降成本、补短板，从生产领域加强优质供给，减少无效供给，扩大有效供给，提高供给结构适应性和灵活性，提高全要素生产率，使供给体系更好地适应需求结构变化。

（6）2016年3月5日，国务院政府工作报告。国务院总理李克强在政府工作报告中指出，当前发展中总量问题与结构性问题并存，结构性问题更加突出，要用改革的办法推进结构调整。在适度扩大总需求的同时，突出抓好供给侧结构性改革，既做减法，又做加法，减少无效和低端供给，扩大有效和中高端供给，增加公共产品和公共服务供给，使供给和需求协同促进经济发展，提高全要素生产率，不断解放和发展社会生产力。

（7）2016年4月19日，网络安全和信息化工作座谈会。习近平在会上发表讲话，指出，党的十八届五中全会、“十三五”规划纲要都对实施网络强国战略、“互联网+”行动计划、大数据战略等做了部署，要切实贯彻落实好，着力推动互联网和实体经济深度融合发展，以信息流带动技术流、资金流、人才流、物资流，促进资源配置优化，促进全要素生产率提升，为推动创新发展、转变经济发展方式、调整经济结构发挥积极作用。

（8）2016年8月24日，习近平在青海省考察工作结束时发表讲话，指出，推进供给侧结构性改革，首先要解决好思路和方向问题，着力在三个层面上下功夫。一是优化现有生产要素配置和组合，提高生产要素利用水平，促进全要素生产率提高，不断增强经济内生增长动力。二是优化现有供给结构。三是优化现有产品和服务功能，大力培育发展新产业和新业态。

（9）2016年11月19日，亚太经合组织（APEC）工商领导人峰会。习近平在会上发表主旨演讲，指出，亚太经合组织各成员要落实好这些共识和原则，推进发展方式转变，下决心用改革推进经济结构调整，提高全要素生产率。要加强宏观政策协调，坚定推进结构性改革，强化正面溢出效应。要加快发展理念、模式、路径创新，激发社会创造力和市场活力，推动产业和产品向全球价值链中高端跃升，拓展发展新空间。

（10）2017年1月15日，中共中央办公厅、国务院办公厅联合印发的《关于促进移动互联网健康有序发展的意见》指出，加快实施“互联网+”行动计划、国家大数据战略，大力推动移动互联网和农业、工业、服务业深度融合发展，以信息流带动技术流、资金流、人才流、物资流，促进资源优化配置，促进全要素生产率提升。创新信息经济发展模式，增强安全优质移动互联网产品、服务、内容有效供给能力，积极培育和规范引导基于移动互联网的约车、租房、支付等分享经济新业态，促进信息消费规模快速增长、信息消费市场健康活跃发展。

（11）2017 年 10 月 18 日，习近平在中国共产党第十九次全国代表大会上的报告中指出，我国经济已由高速增长阶段转向高质量发展阶段，正处在转变发展方式、优化经济结构、转换增长动力的攻关期，建设现代化经济体系是跨越关口的迫切要求和我国发展的战略目标。必须坚持质量第一、效益优先，以供给侧结构性改革为主线，推动经济发展质量变革、效率变革、动力变革，提高全要素生产率，着力加快建设实体经济、科技创新、现代金融、人力资源协同发展的产业体系，着力构建市场机制有效、微观主体有活力、宏观调控有度的经济体制，不断增强我国经济创新力和竞争力。

（12）2017 年 11 月 11 日，习近平在亚太经合组织工商领导人峰会上的主旨演讲中指出，这是与时俱进、创新发展方式的新征程。中国经济已经由高速增长阶段转向高质量发展阶段。我们将贯彻新发展理念，坚持质量第一、效益优先，建设现代化经济体系。我们将以供给侧结构性改革为主线，推动经济发展质量变革、效率变革、动力变革，提高全要素生产率，着力加快建设实体经济、科技创新、现代金融、人力资源协同发展的产业体系，着力构建市场机制有效、微观主体有活力、宏观调控有度的经济体制，不断增强经济创新力和竞争力。我们将推动互联网、大数据、人工智能和实体经济深入融合，在数字经济、共享经济、清洁能源等领域培育新的增长动能。我们将不断探索区域协调发展新机制新路径，大力推动京津冀协同发展、长江经济带发展，建设雄安新区、粤港澳大湾区，建设世界级城市群，打造新的经济增长极。

（13）2018 年 4 月 20 日，习近平在全国网络安全和信息化工作会议上强调：网（络）（和）信（息化）事业代表着新的生产力和新的发展方向，应该在践行新发展理念上先行一步，围绕建设现代化经济体系、实现高质量发展，加快信息化发展，整体带动和提升新型工业化、城镇化、农业现代化发展。要发展数字经济，加快推动数字产业化，依靠信息技术创新驱动，不断催生新产业新业态新模式，用新动能推动新发展。要推动产业数字化，利用互联网新技术新应用对传统产业进行全方位、全角度、全链条的改造，提高全要素生产率，释放数字对经济发展的放大、叠加、倍增作用。

（14）2018 年 5 月 8 日，国务院印发的《关于推行终身职业技能培训制度的意见》指出，职业技能培训是全面提升劳动者就业创业能力、解决结构性就业矛盾、提高就业质量的根本举措，是适应经济高质量发展、培育经济发展新动能、推进供给侧结构性改革的内在要求，对推动大众创业万众创新、推进制造强国建设、提高全要素生产率、推动经济迈上中高端具有重要意义。

（15）2018 年 9 月 25 日，中共中央、国务院印发的《乡村振兴战略规划（2018—2022 年）》指出，坚持质量兴农、品牌强农，深化农业供给侧结构性改革，构建现代农业产业体系、生产体系、经营体系，推动农业发展质量变革、效率变革、动力变革，持续提高农业创新力、竞争力和全要素生产率。

从以上相关国家领导人和政府文件中提及的全要素生产率概念时间点可以看出，提升全要素生产率的理念贯穿于我国整体经济、信息、网络、农业乃至人才培养等不同的方面，将在我国经济生活中起到重要的指挥棒作用。

第二节　相关文献概述

一、全要素生产率的相关文献概述

（一）国外全要素生产率的思想与经典方法

全要素生产率的概念实际上是生产率概念的推广。在经济增长语境下，生产率的量化研究始于 20 世纪 20 年代美国数学家柯布（C. W. Cobb）和经济学家保罗·道格拉斯（Paul H. Douglas）在探讨投入和产出的关系时建立的柯布-道格拉斯生产函数。柯布-道格拉斯生产函数这个现在看来略显简单但仍被广泛使用的生产函数，开辟了生产率与经济增长关系的量化和系统化研究的道路。关于生产率增长估算的研究最早可以追溯到第一届诺贝尔经济学奖得主丁伯根（1942）所做的研究。丁伯根通过在生产函数中添加时间趋势的方法表示"效率"的变动水平，即生产率的变化。可惜的是，丁伯根的这篇文章是用德文写成的，在英文文献中传播不广。

在英文文献中，美国经济学家斯蒂格勒（G. J. Stigler，1947）首次提出了全要素生产率的概念，他用边际产品加权实际资本投入和劳动投入测度实际综合要素投入，在此基础上估算了全要素生产率的变动。海勒姆·戴维斯（Hiram Davis，1954）首次从概念上明确了全要素生产率的内涵，指出估算全要素生产率时要考虑全部要素如资本投入、劳动投入、原材料和能源等，而不应只涉及部分要素。1956 年，艾布拉姆威兹（Abramowitz，1956）提出了代数指数法，其基本思想是把全要素生产率表示为产出数量指数与所有投入要素加权指数的比率。代数指数法非常直观地体现了全要素生产率的内涵，而且不依赖于具体生产函数形式。

在总量经济层面，全要素生产率最为经典的实证研究无疑当属“索洛余值”。1957 年，罗伯特·索洛（R. Solow）提出增长核算法或“索洛余值法”，将人均产出增长减去资本集约程度增长率即资本增长率与劳动投入增长率的加权和，所得差额即未被解释部分归为技术进步的结果，并称之为技术进步率。这些未被解释的部分后来被称为“增长余值”或“索洛余值”，也即全要素生产率的增长率。“索洛余值法”开创了经济增长源泉分析的先河，是对新古典增长理论的一个重要贡献（Lucas，1988）。但不幸的是，索洛估计出来的结果中，技术进步因素解释了美国经济增长的 87.5%以上，与大多数经济学家的直觉并不吻合。

增长核算方法后来经过丹尼森（E. Denison，1962）和乔根森（Jorgenson，1987）发展，成了经济增长理论中全要素生产率研究的标准方法。丹尼森和乔根森对增长核算方法的发展主要体现在深化了对全要素生产率的理论认识，细化了核算数据。

丹尼森把经济增长因素归为生产要素投入量和生产要素生产率两大类。生产要素投入量包括劳动和资本，其中劳动又可分为数量上的增长和质量上的提高，资本表现为物质资本存量数量上的增加。属于生产要素生产率的指标有三项，即资源配置的改善、节约的规模、知识的进展及其在生产上的应用。知识的进展能使生产同样的产品所需的投入量减少。在丹尼森的分析中，教育具有特别重大的意义，由增加教育量而引起的劳动者的受教育程度的提高，不但促进了过去的经济增长，而且能改变未来的经济增长方式。丹尼森认为，将来生产率的提高将主要是由知识的进展提供的，知识的进展对于经济增长的重要性将日益显著。

丹尼森利用美国 1905—1957 年的历史数据，根据增长核算的公式计算后，得到如下结论：在美国年均 2.9%的经济增长率中，有 1.575%来自资本和劳动力数量的增加，剩下的 1.325%是生产函数中要素投入的增长所不能解释的，也就是不能由劳动和资本的投入来解释的“残差”，即来源于全要素生产率的变化。丹尼森对投入要素进行了更为细致的划分，如将劳动投入分级为劳动时间、就业状况等因素，从而最终估算出美国 1929—1948 年全要素生产率的国民收入增长的贡献为 54.9%，显著低于索洛的估算。丹尼森还提出了一套分解“索洛余值”的方法。他将“索洛余值”中包含的因素分为规模经济效用、资源配置的改进和组织管理改善、知识上的延时效应以及资本和劳动力质量本身的提高等，这无论在理论上还是在现实上，都有着重要意义。

乔根森比丹尼森更为“数据控”，对产出与投入要素的组成进行了更为细致的分解，以保证数据的精确性。如劳动力是按行业、性别、年龄、教育、就业类别和职业六个特征进行交叉分类，劳动投入的增长是工作小时数和劳动质量这两者变动的总和。乔根森在1967年发表的论文《生产率变化的解释》中，根据自己的研究方法和产出投入数据对战后美国经济增长进行了研究，得出了与前人不一样的结论：人力资本和物质资本投入是经济增长的主要根源，而生产率的作用却明显是次要的。1948—1979年，美国每年产出增长了3.4%，而与此同时，资本投入和劳动投入每年增长了2.6%，这两项投入解释了产出增长的3/4还多（76.47%），而全要素生产率提高的贡献率平均每年仅为0.8%，占产出增长率的23.53%。

全要素生产率估算的另一个方法是估计生产前沿面。传统的生产函数法假定生产在技术上是充分有效的，忽略了全要素生产率增长的另一个重要组成部分——技术效率提升的影响。而法雷尔（Farrell，1957）提出的前沿生产函数法（Frontier Production Function）则允许存在技术无效的可能，将TFP（全要素生产率）的变化分解为生产可能性边界的移动和技术效率的变化。这种方法比传统的生产函数法更接近于生产和经济增长的实际情况，能够将影响TFP的因素从TFP的变化率中分离出来，从而更全面地研究经济增长的源泉。增长核算方法适用于对单个区域的时间序列分析，而前沿面的估计方法则需用到面板数据。

前沿生产函数法可分为两种：一种是随机前沿分析法（SFA）。这种方法属于计量方法，可以很好地处理度量误差，但需要给出生产函数形式和分布的明确假设，对于样本量较少的实证研究而言，存在着较大问题（Gong、Sickles，1992）。另一种是数据包络分析法（DEA）。DEA直接利用线性优化给出边界生产函数与距离函数的估算，不需要对生产函数结构做先验假定和对参数进行估计，允许存在无效率行为，能对TFP变动进行分解，在近年来的研究中受到了越来越多学者的关注（Fare等，1998）。目前Malmquist指数通常与DEA结合在一起使用，它有效弥补了DEA研究方法的不足（Fare等，1992），使得该方法成了生产率分析中的一种重要方法。Malmquist生产率指数是一种利用距离函数的比率来测度生产率的非参数指数，可以将引起生产率变动的原因分解为技术变化、效率变化以及其他类型的变化（如偏向），并将技术变化进一步分解为纯效率变化和规模效率变化，从而使得估计结果更具有政策含义。

（二）中国全要素生产率研究概述

进入20世纪90年代以后，随着西方经济学理论与方法在中国的传播，同时也由于我国经济经过十多年的增长，取得了明显的成效，对我国经济增长过程中全要素生产率及其与经济增长的关系的研究逐渐流行起来。

在全要素生产率分时段特征方面，早期的众多研究主要基于增长核算方法，大多认为改革开放前后中国的全要素生产率区别较明显，改革开放之后我国的工业生产率大幅度上升，对经济增长发挥了重大作用，其贡献率比改革开放之前大大提高（谢千里 等，1992、1995；王小鲁，2000；Chow，1993）。甚至有的研究认为改革开放前我国全要素生产率为负值，如李京文等（1991、1998 年）。也有研究指出，进入 20 世纪 90 年代中期以后，中国全要素生产率增长呈现下滑趋势。

在 2005 年前后，应用前沿生产函数方法对中国全要素生产率进行研究的做法开始流行起来，乃至有学者认为随机前沿分析对于中国来说，可能是更为适用的生产率分析工具，其结论也更为可靠（傅晓霞、吴利学，2007）。郑京海、胡鞍钢（2005）、颜鹏飞、王兵（2004）运用非参数的 Malmquist 生产率指数测算中国省际生产率也发现，1995—2001 年，中国的生产率呈现下降态势。他们认为，产能过剩、体制转型遇到了制度瓶颈，人力资本和制度因素影响了技术效率、技术进步和生产率增长，并且 1992 年以前中国经济出现了效率的趋同，1992 年以后技术进步成为各个地区生产率差异的主要原因。类似的较为早期的研究还有章祥荪、贵斌威（2008）、郭庆旺等（2005）、李培（2007）等，其中李培（2007）研究的是中国城市全要素生产率。

在行业分析方面，刘学成、陈成林（2007）研究了林业，戎刚、聂惠（2005）研究了第二产业，王永保（2007）分析了我国装备制造业，张莉、刘荣茂、孟令杰（2006）研究了乳制品行业，陈洁、吕延杰（2006）分析了电信业，于忠军、盛力（1999）首次分析了煤炭行业，闰彦（2003）研究了电力行业，余思勤、蒋迪娜、卢剑超（2004）探讨了运输行业，曹乾（2006）研究了保险业，等等。

二、技术进步方向的相关文献概述

（一）国外技术进步方向思想发展脉络

技术进步方向，又称技术进步偏向、诱导性技术变化、导向型技术进步、有偏技术进步等。技术进步方向的提出最早可以追溯到希克斯（Hicks，1932），其后，索罗和哈罗德也根据自己研究问题的需要对技术方向下过定义（陆雪琴、章上峰，2013）。希克斯认为技术进步受到相对价格变化的诱导，技术发明偏向于节约使用已经变得相对昂贵的生产要素。技术进步诱导型研究传统在后来的发展经济学和制度经济学中得到了继承。20 世纪 60 年代，

Fellner（1961）、Kennedy（1964）在引入创新可能性边界概念的基础上扩展希克斯的论述并试图解释偏向性的起因。然而，这些论述缺乏微观基础，只有当技术进步符合哈罗德中性时才会有稳态增长，因此有关技术进步偏向性的论述长期以来都没有引起更多的关注（Nordhaus，1973）。

最近10多年来，由于Acemoglu（2002、2007、2009）将技术偏向引入了内生经济增长模型框架，有关技术与技能偏向的问题再次引起了研究者的关注。Acemoglu等一批学者分析了价格变化、市场规模对技术进步的偏向作用，认为价格效应和市场规模效应是影响有偏技术进步的微观机制。

实证研究方面，技术进步方向性的度量涉及资本与劳动效率，即资本增进型技术进步、劳动增进型技术进步和替代弹性两个方面（David、Klundert，1965）。目前国外文献中已有相对成熟的测度方法，其中应用较多的是Klump（2007）提出的供给面标准化系统估计方法。大部分实证研究结论表明，技术进步是偏向资本的。

（二）国内技术进步方向相关研究概述

最近几年来，有较多国内文献应用Klump的标准化三方程供给面系统估计中国总体经济、农业、工业的技术进步方向（戴天仕，2010；陈晓玲、连玉君，2012；雷钦礼，2013），其基本结论表明我国技术进步总体上是偏向资本的。文献主要分为三大类，首先是对有偏技术进步的存在性问题的讨论以及测算，其次是对技术进步技能偏向性的研究，最后是技术进步有偏带来的效应问题研究。

1. 有偏技术进步的存在性问题及测算

在讨论是否存在技术进步偏向性问题时，许多学者通过不同的方法进行测算，普遍认为目前中国存在有偏技术进步，并且是资本偏向型技术进步。

在中国技术进步偏向测算方面，戴天仕、徐现祥（2010）从Acemoglu（2002）的定义出发，推导出度量技术进步方向的方法，采用CES生产函数即替代弹性为常数的生产函数，度量了1978—2005年的技术进步方向，发现中国的技术进步大体是偏向资本的，并且偏向的速度越来越快。陆雪琴和章上峰（2013）梳理了技术进步偏向的定义，考察了希克斯偏向型技术进步和哈罗德偏向型技术进步，基于年时间序列数据估算了要素替代弹性、要素增强型技术进步和偏向型技术进步，发现两种偏向型技术进步大体上都是偏向资本的。雷钦礼（2013）对1991—2011年的技术进步偏向性进行了测算，结果同样表明技术进步为资本偏向型。但孙焱林和温湖炜（2014）对中国各省份在1978—2012年期间的资本-劳动替代弹性、要素效率增长率以及希克斯技术进步偏向指数和哈罗德技术进步偏向指数，平均而言，各省区技术进步偏向资本使用，但从趋势看，技术进步的资本使用偏向并不明显，其用于解释中国劳动收入份额持续下降的能力有限。

而对于技术进步在细分产业中是否仍有偏，钟世川和刘岳平（2014）利用 CES 生产函数构建了技术进步偏向理论模型，运用 1978—2011 年中国工业数据进行了实证分析，表明资本技术进步增长率小于劳动技术进步增长率，工业行业的技术进步具有明显的资本偏向性。钟世川（2014）也得出了相似结论，并且证明了 1987—2011 年要素替代弹性变大，资本偏向型技术进步促进了行业经济增长。同样的，在制造业部门，技术进步总体偏向使用资本和节约劳动，并且中西部地区资本偏向水平是最高的，东北地区的偏向水平最低（段国蕊，2014）。钟世川（2015）基于要素增强型生产函数构建了技术进步偏向对就业增长发生影响的理论模型，利用 1987—2013 年中国制造业数据进行实证分析，得出样本期间制造业各行业均为资本偏向型技术进步，这对于制造业就业增长具有抑制作用。陈晓玲、徐舒、连玉君（2015）提出多数行业的技术进步是资本、能源偏向型技术进步，因为多数行业中资本与能源为互补关系。文章采用了标准化供给面系统方法，确定了不同类型行业资本、能源与劳动的嵌套 CES 生产函数。

2. 技能偏向型技术进步对于技能溢价现象的解释力

随着生产技术和教育的进步，拥有较高技能水平和劳动生产率的技能型劳动逐渐从普通劳动中分离出来，劳动力市场也出现了不同类型劳动报酬分化现象，其主要表现为同质性劳动者内部同工不同酬现象、同类劳动者由于工龄和行业差异，其劳动报酬出现不平等、异质性劳动者工资不平等即技能溢价的现象（董直庆、王林辉，2014）。

王林辉、蔡啸、高庆昆（2014）运用双侧嵌套型 CES 生产函数，采用标准化系统的贝叶斯方法和 FGNLS 方法，测算了中国 1979—2010 年技术进步技能偏向水平，发现样本期间技术进步明显偏向技能劳动，但其偏向性逐年减弱，同时，结果表明中性技术进步和资本性技术进步均引致技术进步偏向于技能劳动，人力资本投资对技术进步技能偏向起促进作用。宋东林等（2010）构建了新古典经济增长模型，利用 1978—2007 年时间序列数据考察了中国技能偏向型技术进步的存在性，发现不同类型技术进步均呈现技能偏向特征。董直庆等（2013、2014）也探究了技术进步的技能偏向问题，利用双层嵌套 CES 生产函数和非线性不相关方法估计中国技能溢价水平，得出我国技能溢价现象主要源于技术进步偏向的结论，并且引入个体的教育选择，发现中国的技术进步朝着偏向技能劳动方向日益迅猛地发展，诱发工资溢价，而中性技术进步能够增加技能劳动的供给，并缩小二者的工资差距。李群峰等（2015）采用 CES 生产函数，通过 Firpo 提出的 RIF 回归分解对教育投入对劳动者收入分配不平等的影响进行实证分析。结果表明，教育的要素结构效应降低了收入不平等程度，但教育的要素回报效应却在更大程度上扩大了收入不平等，其总效果最终仍然为收入不平等程度上升。这种上升应该归因于技能偏向型技术进步导致的高低技能劳动者之间收入差距的扩大。

3. 技术进步有偏的效应问题

对于技术进步偏向性及其带来的后果，学者们在要素结构和要素配置效率以及收入分配效应方面做出了阐述。

首先，在要素结构和要素配置效率方面，王光栋等（2015）以要素偏向性为视角分析说明了不同的技术进步来源对就业增长的影响。作者对省际技术进步的不同来源（自主创新和技术引进）的要素偏向性进行了测度，发现自主创新更多的省份偏向于劳动而技术引进则更多地表现为资本偏向型，并且发现自主创新可以显著地促进我国就业增长而技术引进促进就业增长的效果则不确定。雷钦礼等（2015）在要素增强型 CES 生产函数假定下，采用标准化供给面系统，利用 1978—2012 年数据对各参数进行了估计，探究了技术进步偏向、要素投入偏向与我国 TFP 增长之间的关系，认为我国技术进步和要素的配置均呈现为资本偏向型，并促进了生产率的提高。张莉等（2012）构建了要素收入份额的决定方程，证实了偏向型技术进步的重要性，并从贸易角度进行了解释。

其次，许多学者还探究了有偏技术进步背景下，全要素生产率增长同要素结构变动的关系。董直庆和陈锐（2014）基于 CES 生产函数分解全要素生产率增长率，结合中国东、中、西部地区面板数据，考察技术进步偏向性对要素结构和全要素生产率的作用效应，指出技术进步偏向性变动会通过改变要素结构影响全要素生产率增长，技术进步偏向性与要素结构适配性逐渐增强，有利于全要素生产率增长。王林辉、董直庆（2012）基于动态前沿生产面的非参数方法分工业行业研究全要素生产率并考察是否存在技术进步合意结构，结果表明，在我国制造业中，资本体现式技术进步对生产率增长有着重要的影响，但技术进步合意结构受国有化程度和利润率影响，高度国有化行业和高利润行业存在合意的技术结构。要素配置效率对全要素生产率也有着重要的影响，要素结构与技术结构不适宜或要素错配都会导致全要素生产率的损失。袁志刚、解栋栋（2011）发现劳动力错配对中国农业部门的全要素生产率有着明显的负效应，并呈逐渐扩大趋势；当把总效应进一步分解为工资差异效应和部门份额效应以后，他们发现部门间的工资差异是导致劳动力错配的主要原因。董直庆和徐晓莉（2016）立足于中等收入背景，提出在工业行业中，资本和劳动的要素替代弹性小于1，资本和劳动互补，在中等收入阶段初期，三大工业行业的劳动生产率增长接近，后期逐渐拉开距离。在中等收入阶段之前，资本偏向型技术进步水平较低且增势缓慢，进入中等收入阶段之后，资本偏向型技术进步呈现明显的上升趋势，表明在中等收入阶段，技术进步对于资本边际产出的提升作用越来越明显。偏向型技术进步通过两种效应影响全要素生产率增长，一种为直接作用于影响全要素生产率增长的偏向型技术进步效应，另一种为间接通过与要素配置结构相结合的综合效应。偏向型技术进步效应整体上对全要素生产率增长率的提高具有抑制作用。

李博文（2015）运用技术进步具有部门偏向性理论解释了工业与农业劳动生产率产生差异的原因及其变动轨迹。随着工业部门劳动者逐渐增多，工业部门的技术水平逐渐提高并提高了农产品的相对价格水平；随着农产品相对价格水平的提高，农业部门的劳动者会逐渐增加劳动力供给、缩短家庭生产的时间；随着农业部门劳动者用于家庭生产时间的减少，工业与农业之间的劳动生产率差异会逐渐缩小。

最后，有的学者还研究了偏向型技术进步对于收入分配效应的影响。董直庆（2013）提出，目前的研究局限于CES函数和替代弹性不变假设，并对我国适宜性生产函数形态进行了探究。结果发现，描述我国1978—2010年经济产出时用有偏性生产函数比较好，技术进步正朝着有利于资本的方向发展，其偏向水平不断强化并同时降低了劳动收入占比，表明解决劳动收入占比问题应关注技术进步方向问题。王林辉、董直庆、刘宇清（2013）构建了基于异质性企业和消费者假定的劳动收入份额与技术进步的作用关系模型，指出只有通过提升生产技术和人力资本，特别是通过人力资本投资方式增加其对产出的贡献，打破原有的生产要素组合模式，才能从根本上抑制劳动收入占比下降趋势。董直庆、安佰珊、张朝辉（2013）基于省际和行业数据考察技术进步偏向性及其收入分配效应，发现技术进步偏向性对劳动收入占比的下降产生了巨大影响。王林辉和赵景（2015）利用地区面板数据的分位数回归，得出了相似的结论：资本偏向型技术进步抑制了劳动收入的份额，其抑制作用在到达50%分位点之后逐渐减弱。

总之，现有文献表明，学者们在研究技术进步资本偏向性问题时最常采用的是CES生产函数，对全国和各省以及工业部门和制造业的技术进步偏向性都有所测算。同时，技术进步的技能偏向性可用于解释技能溢价的问题。学者们最主要的研究方向还是技术进步资本偏向性所带来的效应问题，因为它不仅影响要素结构的变迁从而影响全要素生产率增长率，还会影响劳动的收入分配。

第三节　本书研究范围与创新之处

一、研究范围

本书核心研究课题是中国大陆地区技术进步速度（全要素生产率增长率）与技术进步方向（技术进步偏向性）比较，其中涵盖省级（一级行政区，包括 22 个省、4 个直辖市和 5 个自治区）、地级（二级行政区）两个层面，样本数据均不包括香港、澳门和台湾这三个一级行政区。二级行政区包括地级市、盟和自治州，共计 334 个。

本书研究四个问题：其一为在解释各地区推动经济增长的因素中，技术进步或全要素生产率的相对重要性如何；其二为比较各地区全要素生产率增长率差异以及全要素生产率增长率在经济增长过程中的相对差异；其三为比较各地区技术进步方向的差异；其四为就业结构、产出结构等结构性因素在解释地区技术进步方向中的作用。

在时间范围方面，省级地区全要素生产率的分析为 1978—2017 年，地级全要素生产率的分析为 1992—2017 年。时间界限有差异主要是因为考虑了数据的可获得性。在地级层面上，1992 年之前的很多数据是不可获得的，而且地级行政区划变动较频繁，进一步加剧了 1992 年之前的地级层面数据可获得性问题。

二、创新之处

本书研究主要创新点有三个：其一，在研究的区域对象上，我们在省级与地级这两个层面上开展了研究。在地区技术进步和方向比较方面，现有大多数文献研究的是省级区域，地级区域研究比较少见。其二，在研究的问题上，本书将技术进步速度与方向看成技术进步的数量和结构两个不同方面，并同时对这两个层面进行区域比较研究。其三，本书认为，技术进步方向属于技术进步的结构内容，其理所当然受到经济社会结构的影响，即技术的结构性来自经济社会的结构性。在此观点下，本书研究了技术进步方向与就业和（或）产出结构的关系。

第二章　基本概念、理论基础与研究方法

第一节　基本概念

一、技术进步、生产率与全要素生产率

一般所说的技术进步是指生产新的产品、运用新的生产方法和生产工艺、新设备、新材料等。这样的技术进步通常与科学技术相关联。对于单个或具体的技术而言，我们很容易用技术上或物理上的指标来衡量该技术是否进步以及技术进步的速度，比如计算机芯片运算速度提高了一倍等。但是如果我们说的是整个社会的技术进步，则很难用技术或者物理意义上的指标度量，因为不同的技术指标不能直接加总。比如我们不能将芯片运算速度提高一倍与能耗降低30%加总成一个整体的技术进步指标，因为它们的单位本身就不一致从而无法比较。在经济学上，衡量整体或综合性技术进步的指标是生产率或者全要素生产率。

笼统来讲，所谓生产率，是指产出与投入之比。直观上来讲，同样多投入的情况下，能生产更多产出者生产率更高，或者生产同样的产出，投入更少者生产率更高。但不幸的是，我们遇到的问题中往往没有这种“同样的投入”和“同样的产出”条件，我们现实中遇到的往往是投入和产出都不同的个体，因此，我们需要找到一个比较的基准，即求出产出与投入的比值，也就是求出平均来讲每一单位投入的产出。

当只用一种投入生产一种产出时，用产出与投入之比来衡量生产率是准确无误的，因为这种计算度量出了这种要素的所用贡献，乃至刻画了导致这种单一产出增加的全部原因。但是，当用多种投入来生产一种产出时，例如，农民

用劳动和土地两种投入生产粮食，仍然用上述方式来计算生产率，即用产出除以投入，就不那么好操作了。第一个问题就是，现在有两种甚至更多种投入，产出（如果只有一种的话）除以哪一种投入为好呢？实际上，产出除以任一要素投入如劳动投入也是可以的，但是这时候计算出来的是偏生产率或单要素生产率（科埃利，2008）。单要素或偏要素生产率也是我们常用的分析工具，如劳动生产率会被用于很多微观与宏观问题的分析，而且劳动生产率的短期周期性行为与全要素生产率非常类似。但是，从概念上讲，偏要素生产率有一个问题，那就是我们计算出来的比如劳动生产率，并不能反映劳动这种要素的贡献。就像数学求导一样，偏导数的值取决于其他变量的取值，劳动生产率反映的是资本的作用。

由此导致的用产出与投入比来度量生产率的第二个问题就是，如果我们想要知道所有要素的全部贡献，在多投入的情况下，需要把不同类型的投入进行某种加总平均，这样计算出来的生产率就不会出现类似上面那种偏要素生产率不能反映要素贡献的情况。这种将不同类型要素投入加总再平均计算总的或综合的投入水平，以此去除产出，计算出来的就是全要素生产率。但是，如何“加总平均”呢？这显然涉及很多计算的技术细节问题。

从上文的分析中我们也知道了全要素生产率的本质含义：将所有要素投入加总起来，看成综合的或者全部的投入要素，全要素生产率考察这种综合的或全部的生产要素的生产效率问题，这实际上也是全要素生产率（TFP，Total Factor Productivity）名字的来源。

本书所指技术进步即为全要素生产率的增长率。在宏观经济学或经济增长理论中，我们通常用全要素生产率的增长率来表示技术进步的速度。全要素生产率的这种含义在经济学文献以及一些公开报道中是最为常见的，乃至在经济增长理论文献中，全要素生产率与技术进步在有些语境下具有同等含义。但是我们需要记住的是，经济学家们尤其是研究经济增长的经济学家们并不认为全要素生产率就是技术进步，有时在技术进步与全要素生产率之间画等号，是因为在理论文献中这种区分有时没必要甚至没有可能。此外，全要素生产率中技术进步这一构成部分具有特别的含义：其一，它是全要素生产率中最活跃、变动最大的部分；其二，技术进步的程度决定了其他构成部分尤其是效率的变动范围。

从全要素生产率的测量方法来看，全要素生产率实际上还包括了资本与劳动这两种要素之外的所有其他能影响劳均产出或经济增长的因素。从实证或测量的角度来看，全要素生产率实际上是一个非常含混的概念，包括了很多具体的内容，以至于半个世纪以前的莫塞斯·阿布拉莫维兹（Moses Abramovitz）认为全要素生产率是对我们“无知的度量”。那么，全要素生产率除了包括一般意义上的技术进步外，到底还包括哪些具体因素呢？

首先，全要素生产率中应该包括效率改进这一部分。效率改进可能来自宏观社会管理的进步——这使得更多资源被用于生产性活动，也可能来自企业微观管理的进步——这导致企业更高效地生产。许多经济理论文献证明，效率改进对全要素生产率的贡献比技术进步的贡献还大。当然，如果依赖实证证据做出这一结论，则需要对全要素生产率进行分解，至少分解为纯技术与效率两部分。需要注意的是，在有些文献中，如随机前沿分析的实证研究文献中，“效率”实际上是指我们这里所说的全要素生产率，即在同样的技术和投入要素情况下产出的不同，也就是说实际生产活动位于生产可能性边界之内，或者说资源未能被有效利用。哪些具体原因会阻碍生产位于生产可能性边界之上呢？其一是非生产性活动，也就是社会资源被浪费在没有实际投入生产的很多活动中；其二是资源未能被充分利用，诸如怠工、失业、产能过剩。

其次，全要素生产率中应包括结构变化。这是一种来自发展经济学家的观点，其根源在于发展经济学早期的“结构主义”学派。早期的结构主义学派认为，经济社会结构变化会导致经济发展。结构变化提高全要素生产率的观点为早期的“结构导致发展”的观点提供了一个具体的解释机制。结构变化提高全要素生产率的逻辑相当简单，即当生产要素从低生产率部门或行业撤出并转移到高生产率部门或行业时，投入没有变而产出增加，从而全要素生产率得到提高。

再次，全要素生产率包括其他要素的价格变化带来的影响。虽然全要素生产率冠名“全部要素”，但是我们在实际测量中，并不可能包括所有生产过程中使用的投入要素，其原因在于数据的可获得性不支持我们这么做。通常情况下，我们只能勉强有劳动投入、资本投入的数据可用，而且劳动投入与资本投入的测量本身也会有相当大的误差。再生产过程中被使用的能源、信息以及其他中间投入，常常不在我们的考虑范围之内。当这种情况出现时，如果某种要素比如能源的价格上升，从企业角度来看，能源相对价格更贵了，因此在给定产出的情况下，需要重新调整投入要素的组合，比如会雇佣更多的劳动力或使用更多的其他资本投入。由于计算全要素生产率时在投入要素中没有考虑能源要素，而只考虑了资本和劳动要素，于是我们计算出来的全要素生产率必定就会下降了。

最后，全要素生产率包括运气好坏的成分。在经济发展过程中，诸如历史背景、地理位置、气候与自然资源等运气因素有时是相当重要的，因为它们会影响全要素生产率。历史背景会通过制度遗产对社会发展的进程与全要素生产率产生广泛的影响。地理位置会影响贸易成本从而影响全要素生产率。气候与自然资源有时候就是生产过程中投入要素的一部分，比如农业生产本身就非常依赖土地与气候条件。

笔者不得不说，上述的最后亮点实际上是一种测量误差。从全要素生产率测量的文献来看，投入数据的准确性是非常重要的。当重要投入被遗漏时，所度量出来的全要素生产率当然不那么精准。真实商业周期学派与新凯恩斯学派关于全要素生产率与经济周期波动的因果关系的争论很好地说明了这种看法。全要素生产率是高度顺周期变量，真实商业周期理论据此认为，全要素生产率是导致经济波动的原因。但是新凯恩斯学派认为这种因果关系的解释是真实商业周期学派对全要素生产率高度顺周期这一现象的误读。新凯恩斯学派认为：总需求下降则产出下降，而由于各种原因和机制，尽管投入实际生产的劳动和资本减少了，统计数据却并没有反映出这一点，比如企业不会因为需求有所减少就立马解雇工人，因此资本投入测量中往往没有资本利用率的数据。

二、技术进步方向与替代弹性

所谓技术进步方向，是指技术进步偏向于资本要素还是劳动要素。如何偏向呢？我们可以从收入分配意义上界定。按照希克斯（1932）对技术进步分类的定义，偏向型技术进步是指在保持要素投入不变的情况下，如果技术进步使得资本劳动边际产出比增加，那么技术进步的初始效应就是使边际产量与劳动边际产量之比增大。如果技术是一维的，其生产函数形式为 $Y = F(K, L, A)$，则资本偏向型技术进步是指（劳动偏向型则不等号反向）：

$$\frac{\partial \dfrac{\partial F(K, L, A)/\partial K}{\partial F(K, L, A)/\partial L}}{\partial A} = \frac{\partial \dfrac{MP_K}{MP_L}}{\partial A} \geqslant 0 \tag{2-1}$$

也就是说，有偏的技术进步使得要素的相对需求曲线变化，从而在任一给定要素比例下提高了要素的边际产品从而提高了要素的相对价格，最终收入分配将有利于（偏向于）资本要素。对于一维的技术进步偏向难以进行深入分析，因此我们通常假定技术是二维的，以要素增进型方式进入生产函数，且假定生产函数为固定替代弹性的即 CES：

$$Y_t = [\alpha (A_t K_t)^{-\rho} + (1 - \alpha)(B_t L_t)^{-\rho}]^{-\frac{1}{\rho}} \tag{2-2}$$

上式中，Y_t、K_t、L_t、A_t、B_t 依次为 t 期实际产出、资本投入、劳动投入、资本要素的生产效率和劳动要素的生产效率，α 表示资本密集度。$\rho=(1-\sigma)/\sigma$ 表示替代参数，σ 是资本和劳动两种要素的替代弹性。资本-劳动替代弹性刻画了在资本-劳动要素相对价格发生变化时要素组合（资本与劳动比）做出调整的程度。当 $\sigma<1$ 时，表明资本和劳动之间总体上是互补关系；当 $\sigma=1$ 时，生产函数便是 C-D 函数；当 $\sigma>1$ 时，资本和劳动之间总体上是替代关系。技术进步的动态相对变化（资本）偏向指数定义为（Acemoglu，2009）：

$$\frac{\partial\ (MP_K/MP_L)}{\partial\ (A/B)}=\frac{\alpha}{1-\alpha}\left(\frac{K_t}{L_t}\right)^{-\frac{1}{\alpha}}\left(\frac{A_t}{B_t}\right)^{-\frac{1}{\alpha}} \tag{2-3}$$

该指数大于 0，则表明技术进步偏向资本；该指数小于 0，则技术进步是偏向劳动的；该指数等于 0，则技术进步就是中性的。式（2-3）表明：第一，相对技术进步（资本与劳动边际效率之比）对边际产品的影响取决于替代弹性，当替代弹性大于 1 时，相对技术进步提高了相对边际产品，从而技术进步偏向于进步更快的要素；反之，当替代弹性小于 1 时，相对技术进步降低了相对边际产品，从而技术进步偏向于技术进步更慢的生产要素。第二，在存在劳动力扭曲或摩擦时，劳动边际产品不会做出及时灵活的调整，如果技术进步使得资本与劳动边际产品之比提高，则技术进步更偏向资本。

Acemoglu（2002、2009）的均衡弱偏向理论解释了要素的相对供给的外生一次性变化对于技术进步偏向的影响。两种要素效率增长率的相对变化取决于各自增进技术进步的相对获利能力，相对获利更多的技术会增长更快，价格效应和市场规模效应影响相对获利能力与技术进步相对偏向。价格效应表明，更为稀缺的要素的相对价格更高，创新者倾向于提高更为稀缺要素的效率。市场规模效应则表明，使用某一技术的要素是该技术的市场，因此该要素供给增加代表补充该要素的技术的市场扩大，创新激励增强，从而市场规模效应导致创新者倾向于提高更为丰裕的要素的效率。替代弹性与两种效应相对优势关系见表 2-1。值得注意的是，如果考虑的两种要素是资本和劳动，则其要素替代弹性通常小于 1（Acemoglu，2009），因此，此时价格效应将发挥主导性作用。

表 2-1 技术偏向、创新激励与替代弹性的关系

替代弹性	创新激励	提高相对效率	提高相对边际产品	技术进步偏向
大于 1	市场规模效应占优	更为丰裕要素	更为丰裕要素	更为丰裕要素
小于 1	价格效应占优	更为稀缺要素	更为稀缺要素	更为稀缺要素

第二节 技术进步与经济增长

本节中我们用经典的新古典增长理论索洛增长模型来解释技术进步在经济增长中的重要作用。索洛模型又被称为新古典经济增长模型、外生经济增长模型，是在新古典经济学框架内的经济增长模型，是索洛于1956年首次创立的，用来说明储蓄、资本积累和经济增长之间的关系。索洛模型的基本结论是：储蓄率的提高对长期经济增长无影响，人均收入的持续增加来自全要素生产率的提高。从生产函数角度来看，索洛模型修改了之前的经典增长模型即哈罗德-多玛增长模型中生产函数的替代弹性不变的假设，使得长期经济增长更为稳定，而不是像哈罗德-多玛模型那样出现"刃锋式增长"。

要在索洛增长模型中引入技术进步变量，我们首先说说技术进步的分类标准问题。一般的生产函数形式为：$Y = F(K, L, A)$。按相对要素投入变动区分，技术进步分为资本或劳动节约型以及中性技术进步。中性的技术进步有三种类型：①希克斯中性：$Y = AF(K, L)$；②哈罗德中性：$Y = F(K, L \cdot A)$，又叫劳动增进型；③索洛中性：$Y = F(K \cdot A, L)$，又叫资本增进型。可以证明，技术进步为劳动增进型或生产函数是C-D型时，才有稳态，所以理论模型中我们常常用劳动增进型的技术进步，但是在实证模型中我们则会更多地用希克斯中性技术进步或者直接用C-D生产函数。

基于此，在有外生技术进步的索洛模型中，假设生产函数为 $Y = F(K, L \cdot A)$，并且它满足新古典的性质假设，即规模报酬不变（竞争性投入是一次性的）、边际产品为正且递减、稻田条件以及必要性条件。除此之外，索洛模型还包括单一产品、储蓄率外生、折旧率外生、人口增长率外生等假设。其总量资本动态方程为：

$$\dot{K} = sF(K, L \cdot A) - \delta K \tag{2-4}$$

上式中，字母头上加点表示对时间求导，δ 为折旧率。为了寻找稳态，定义 $\hat{k} = \frac{K}{AL} = \frac{k}{A}$ 更加方便，AL 为有效劳动数量。这样的集约型生产函数为：

$$\hat{y} = f(\hat{k}) \tag{2-5}$$

并且 f 具有新古典性质。假定 A 的增长率为 x，即 $A(t) = A(0)e^{xt}$，式（2-4）可变形为：

$$\dot{\hat{k}} = sf(\hat{k}) - (\delta + n + x)\hat{k} \tag{2-6}$$

上式中，n 为人口增长率。其稳态为：

$$sf(\hat{k}^*) = (x + n + \delta)\hat{k}^* \tag{2-7}$$

所得基本结论为：$\hat{y}$ 、$\hat{k}$ 的稳态增长率为 0，人均变量 k 、y 的稳态增长率为 x ，而相应总量变量增长率为 $x + n$ 。

这个模型的基本结论表明：劳均产出的稳态增长率与技术进步速度是一致的。换句话说，长期来看，劳均或人均收入的唯一影响因素是技术进步速度。

第三节　经济增长核算方法与技术进步方向测算方法

一、经济增长核算方法

我们进行经济增长核算的目的是考察全要素生产率增长率在经济增长过程中的作用，通常需要假定技术进步或全要素生产率是希克斯中性的：

$$Y = AF(K, L) \tag{2-8}$$

在这一生产函数两边取对数后对时间求导，得到：

$$\frac{\dot{A}}{A} = \frac{\dot{Y}}{Y} - \left(\frac{AF_K(K, L)K}{AF(K, L)}\frac{\dot{K}}{K} + \frac{AF_L(K, L)L}{AF(K, L)}\frac{\dot{L}}{L}\right) \tag{2-9}$$

上式中，$\frac{\dot{A}}{A}$ 为增长率。当生产函数为柯布—道格拉斯型时，上式变为：

$$\frac{\dot{A}}{A} = \frac{\dot{Y}}{Y} - \left(\alpha\frac{\dot{K}}{K} + (1 - \alpha)\frac{\dot{L}}{L}\right) \tag{2-10}$$

我们根据该式核算全要素生产率增长率。式（2-10）表明，全要素生产率增长率是产出增长率减去投入要素增长率的加权和。和经济发展核算一样，在经济增长核算公式中，生产函数的指数 α 为资本报酬份额。全要素生产率增长率对经济增长的贡献为：

$$\text{全要素生产率增长率对经济增长的贡献} = \frac{\dot{A}}{A}/\frac{\dot{Y}}{Y} \tag{2-11}$$

二、技术进步方向测算方法

参照 León-Ledesma、McAdam 和 Willman（2010）的模型设定，假定 t_0 期时资本和劳动投入分别为 K_0 和 L_0，要素效率增长率为指数形式：

$$A_t = A_0 e^{\gamma_K(t_0,\ t)},\ B_t = B_0 e^{\gamma_K(t_0,\ t)} \tag{2-12}$$

对 CES 生产函数式（2-2）及其一阶条件标准化才能更好地识别出替代弹

性与技术进步的影响，由此得到三方程供给面系统：

$$\log\left(\frac{r_t K_t}{Y_t}\right) = \log(\alpha) - \frac{\sigma - 1}{\sigma}\log\left(\frac{Y_t/\bar{Y}}{K_t/\bar{K}}\right) + \frac{\sigma - 1}{\sigma}\log(\xi) + \frac{\sigma - 1}{\sigma}\gamma_Y(t - \bar{t}) \tag{2-13}$$

$$\log\left(\frac{w_t L_t}{Y_t}\right) = \log(1 - \alpha) - \frac{\sigma - 1}{\sigma}\log\left(\frac{Y_t/\bar{Y}}{L_t/\bar{L}}\right) + \frac{\sigma - 1}{\sigma}\log(\xi) + \frac{\sigma - 1}{\sigma}\gamma_L(t - \bar{t}) \tag{2-14}$$

$$\log\left(\frac{Y_t}{\bar{Y}}\right) = \log(\xi) + \frac{\sigma - 1}{\sigma}\log\left[\alpha\left(e^{\gamma_y(t-\bar{t})}\left(\frac{K_t}{\bar{K}}\right)\right)^{\frac{\alpha-1}{\alpha}} + (1 - \alpha)\left(e^{\gamma_y(t-\bar{t})}\left(\frac{L_t}{\bar{L}}\right)\right)^{\frac{\alpha-1}{\alpha}}\right] \tag{2-15}$$

上式中，r_t 表示资本回报率，w_t 表示工资率，$\frac{r_t K_t}{Y_t}$ 和 $\frac{w_t L_t}{Y_t}$ 为资本与劳动报酬份额。样本期间内的平均技术进步偏向为：

$$Bias = \frac{\sigma - 1}{\sigma}(\gamma_K - \gamma_L) \tag{2-16}$$

为进一步探讨二元经济结构与技术进步偏向的关系，定义如下时点资本偏向指数（雷钦礼，2013）：

$$D_t = \frac{\sigma - 1}{\sigma}\left(\frac{\dot{A}_t}{A_t} - \frac{\dot{B}_t}{B_t}\right) \tag{2-17}$$

上式中资本效率增长率、劳动效率增长率的计算方法如下：

$$\left(\frac{\dot{A}}{A}\right)_{it} = \frac{\left(\frac{\dot{z}}{z}\right)_{it} - \sigma_i\left(\frac{\dot{r}}{r}\right)_{it}}{1 - \sigma_i}，\left(\frac{\dot{B}}{B}\right)_{it} = \frac{\left(\frac{\dot{q}}{q}\right)_{it} - \sigma_i\left(\frac{\dot{w}}{w}\right)_{it}}{1 - \sigma_i}，\sigma_i \neq 1 \tag{2-18}$$

第三章　省级地区技术进步速度与方向比较

第一节　数据来源与预处理

本章的数据主要来源于《新中国六十年统计资料汇编》《中国国内生产总值核算历史资料（1952—2004）》《中国国内生产总值核算历史资料（1952—1995）》和近年31个省（区、市）的统计年鉴，样本期间为1978—2017年。不变价产出（GDP）用1978年GDP以及随后各年GDP指数计算得到，劳动投入为各地区年末就业人数。劳动者报酬份额按照如下简单公式计算：

劳动者报酬份额=劳动者报酬/（劳动者报酬+固定资产折旧+营业盈余）

计算劳动者报酬的基本数据来源为：1978—1992年数据来自《中国国内生产总值核算历史资料（1952—1995）》；1993—2004年数据来自《中国国内生产总值核算历史资料（1952—2004）》；其余年份数据来自各年《中国统计年鉴》；2008年和2013年《中国统计年鉴》数据缺失，通过各省（区、市）统计年鉴补齐，仍然缺失的省（区、市），劳动者报酬份额取相邻两年均值。重庆市1978—1992年劳动者报酬份额计算所需基本数据缺失，通过如下方法估算：计算出重庆市与四川省1993—1995年劳动者报酬份额的比值（0.84），该比值与1978—1992年四川省劳动者报酬份额的乘积得到重庆市劳动者报酬份额。海南省1978—1989年劳动者报酬份额计算所需数据缺失，由于1990—1992年广西壮族自治区和海南省劳动者报酬份额相差不大，故以广西壮族自治区1978—1989年劳动者报酬份额代替。西藏自治区1978—1984年计算劳动者报酬所需数据缺失，以1985—1987年劳动者报酬份额平均值（0.98）代替，此外，西藏自治区部分年份生产税净额有负数情况，使得计算出来的劳动者报酬份额大于1，超过1的按1处理。

资本投入以永续盘存法（PIM）计算：

$$K_{t+1} = I_t + (1 - \delta)K_t \tag{3-1}$$

上式中，δ、K_t、I_t 依次为折旧率、期初资本存量与固定资本形成（或称投资）。现有文献折旧率取值 5%～15%不等，本书选择中间值 8%。假定资本产出比为 2，由 1952 年各地区生产总值估算出初始资本存量[①]，用各地区固定资本形成数据序列：1952—1992 年数据来自《中国国内生产总值核算历史资料（1952—1995）》各省（区、市）固定资本形成发展速度，1993—2004 年数据来自《中国国内生产总值核算历史资料（1952—2004）》各省（区、市）固定资本形成发展速度，以 1978 年各省（区、市）固定资本形成总额与其发展速度计算得到 1952—2004 年各省（区、市）固定资本形成；将 2005—2017 年固定资产形成名义值用各省（区、市）固定资产投资价格指数[②]折算成 1978 年不变价值。其中，在《中国国内生产总值核算历史资料（1952—2004）》中，1996 年及之前年份重庆市的固定资本形成总额发展速度数据缺失，而《新中国六十周年统计资料汇编》中“资本形成（当年价）”这一指标中，四川省和重庆市的数据又是分开统计的[③]，并且重庆市资本形成总额中没有单独分出固定资本形成总额。我们将重庆市固定资本形成总额占资本形成总额的比例以四川省的来代替，从而计算出重庆市的固定资本形成总额，然后再根据重庆市、四川省固定资产投资价格指数和重庆市 CPI 计算得到重庆市不变价固定资本形成。天津市 1988 年之前的固定资本形成总额发展速度数据缺失，以天津市 CPI 作为价格指数推算出不变价固定资本形成。海南省 1990 年之前的固定资本形成总额发展速度数据缺失、1978 年之前的固定资本形成总额数据缺失，1978—1990 年不变价固定资本形成由当年价格固定资本经 CPI 平减得到，1978 年之前的固定资本形成由当年固定资本投资乘以 0.67（1978—1980 年固定资本形成/固定资产投资均值）得到。西藏自治区 1992 年之前的固定资本形成总额数据缺失，以固定资本投资乘以 0.80（1993—1995 年固定资本形成/固定资产投资均值）得到。

---

① 海南省 1952 年生产总值数据缺失，以工农业总产值指数代替地方 GDP 指数，由 1978 年地方 GDP 推算出海南省 1952 年地方 GDP。

② 各省（区、市）固定资产投资价格指数起始年份不一，缺失固定资产投资价格指数依次按照全国固定资产投资价格指数、各省（区、市）自身 CPI、全国 CPI 优先顺序代替。

③ 我们用到的 1978—1996 年产出和就业这两个指标中分开了重庆市和四川省的数据，也来自《新中国六十周年统计资料汇编》。

第二节　技术进步速度比较

一、东部地区

（一）北京市

北京市是中华人民共和国首都、直辖市，国家中心城市、超大城市，全国政治中心、文化中心、国际交流中心、科技创新中心、世界著名古都和现代化国际城市。北京市面积 16 410.54 平方千米，截至 2018 年末，北京市常住人口 2 154.2 万人。据《北京市 2018 年国民经济和社会发展统计公报》初步核算，北京市全年实现地区生产总值 30 320 亿元，占全国 GDP 比重①的 3.3%，按可比价格计算，比 2017 年增长 6.6%。其中，第一产业增加值 118.7 亿元，下降 2.3%；第二产业增加值 5 647.7 亿元，增长 4.2%；第三产业增加值 24 553.6 亿元，增长 7.3%。三次产业构成由 2017 年的 0.4∶19.0∶80.6 变化为 0.4∶18.6∶81.0。按常住人口计算，北京市人均地区生产总值为 14 万元，在 31 个省（区、市）中排名第 1 位。

北京市各年与分时段经济增长核算结果见图 3-1 和表 3-1。改革开放 40 年（1978—2017 年）来，北京市地区生产总值增长较快，但是波动性较大，1991 年之前增长速度波动尤为剧烈，1991—2007 年高速增长，2007 年之后增长速度逐步放缓，其中增长最低年份（1980 年）增长速度不超过-1%，增长最高年份（1983 年）增长速度超过 16%。全要素生产率增长率波动剧烈，40 年内有 12 年为负值，最大值超过 10%，最小值低于-13%。总体来看，1978—2017 年北京市全要素生产率增长率对经济增长的贡献率为 17.1%，并不是很高。分时段来看，1978—1987 年，北京市全要素生产率增长率对经济增长的贡献率为-31.9%，1988—1997 年为 4.5%，1998—2007 年为 44.2%，2008—2017 年最高，为 47.7%。

---

① 指占各省（区、市）地区生产总值加总数比重，下同。

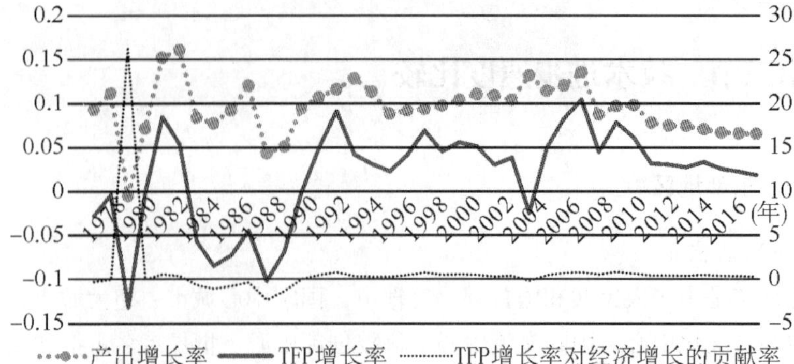

注：左轴为产出增长率和 TFP 增长率；右轴为 TFP 增长率对经济增长的贡献率。全书同样，不再赘述。

图 3-1　北京市各年经济增长核算

表 3-1　北京市分时段经济增长核算　　单位:%

时间区间	产出增长率	TFP 增长率	TFP 增长率对经济增长的贡献率
1978—1987 年	9. 2	-2. 9	-31. 9
1988—1997 年	9. 5	0. 4	4. 5
1998—2007 年	11. 2	5. 0	44. 2
2008—2017 年	7. 8	3. 7	47. 7
1978—2017 年	9. 4	1. 6	17. 1

（二）天津市

天津市是直辖市、国家中心城市、超大城市，国务院批复确定的环渤海地区经济中心，面积 11 916. 85 平方千米。截至 2018 年末，天津市常住人口 1 559. 60万人。据《天津市 2018 年国民经济和社会发展统计公报》初步核算，天津市全年实现地区生产总值 18 809. 64 亿元，占全国 GDP 比重的 2. 1%，按可比价格计算，比 2017 年增长 3. 6%。其中，第一产业增加值 172. 71 亿元，增长 0. 1%；第二产业增加值 7 609. 81 亿元，增长 1. 0%；第三产业增加值 11 027. 12亿元，增长 5. 9%。三次产业构成由 2017 年的 1. 2∶40. 8∶58. 0 变化为 0. 9∶40. 5∶58. 6。按常住人口计算，天津市人均地区生产总值为 12 万元，在 31 个省（区、市）中排名第 3 位。

天津市各年与分时段经济增长核算结果见图 3-2 和表 3-2。改革开放 40 年（1978—2017）来，天津市地区生产总值增长较快，但是波动性较大，1992 年之前增长速度波动尤为剧烈，1992—2010年高速增长，2010年之后增长速度逐步放缓，其中增长最低年份（1988年）增长速度不到2%，增长最高年份（1983年）增长速度超过17%。全要素生产率增长率波动剧烈，40年内有10年为负值，最大值为16.3%，最小值接近-14%。总体来看，1978—2017年天津市全要素生产率增长率对经济增长的贡献率为27%，并不是很高。分时段来看，1978—1987年天津市全要素生产率增长率对经济增长的贡献率为10.1%，1988—1997年最高，为45.0%，1998—2007年为42.0%，2008—2017年为8.4%。

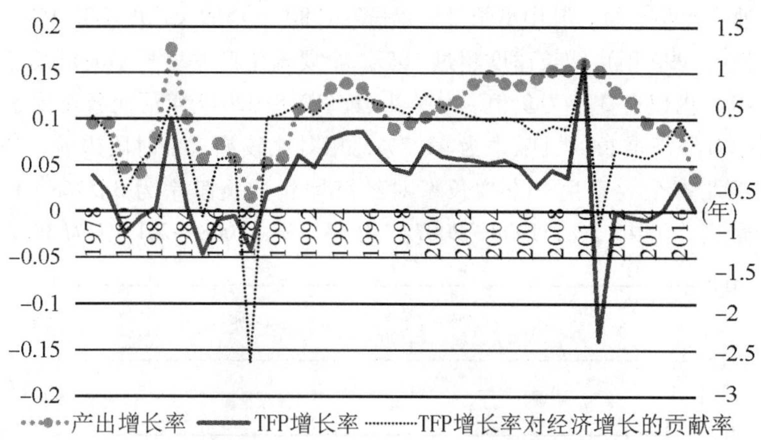

图 3-2　天津市各年经济增长核算

表 3-2　天津市分时段经济增长核算　　单位:%

时间区间	产出增长率	TFP 增长率	TFP 增长率对经济增长的贡献率
1978—1987年	8.4	0.9	10.1
1988—1997年	9.2	4.1	45.0
1998—2007年	12.2	5.1	42.0
2008—2017年	11.7	1.0	8.4
1978—2017年	10.4	2.8	27.0

（三）河北省

河北省处于中国经济由东向西梯次推进发展的东部地带，面积188 800平方千米。截至2018年末，河北省常住总人口7 556.30万人。据《河北省2018年国民经济和社会发展统计公报》初步核算，河北省全年实现地区生产总值36 010.3亿元，占全国GDP比重的3.9%，按可比价格计算，比2017年增长

6.6%。其中，第一产业增加值 3 338.0 亿元，增长 3.0%；第二产业增加值 16 040.1 亿元，增长 4.3%；第三产业增加值 16 632.2 亿元，增长 9.8%。三次产业构成由 2017 年的 9.2∶46.6∶44.2 变化为 9.3∶44.5∶46.2。按常住人口计算，河北省人均地区生产总值为 47 772 元，在 31 个省（区、市）中排名第 21 位。

河北省各年与分时段经济增长核算结果见图 3-3 和表 3-3。改革开放 40 年（1978—2017 年）来，河北省地区生产总值增长较一般，但是波动性较大，1994 年之前增长速度波动尤为剧烈，1994—2010 年之间高速增长，2010 年之后增长速度逐步放缓，其中增长最低年份（1980 年）增长速度不到 1%，增长最高年份（1992 年）增长速度超过 16%。全要素生产率增长率波动总体较为平缓，40 年内仅有 3 年为负值。总体来看，1978—2017 年河北省全要素生产率增长率对经济增长的贡献率为 41.7%，相对比较高。分时段来看，1978—1987 年河北省全要素生产率增长率对经济增长的贡献率为 38.7%，1988—1997 年最高，为 46.3%，1998—2007 年为 44.3%，2008—2017 年为 34.7%。

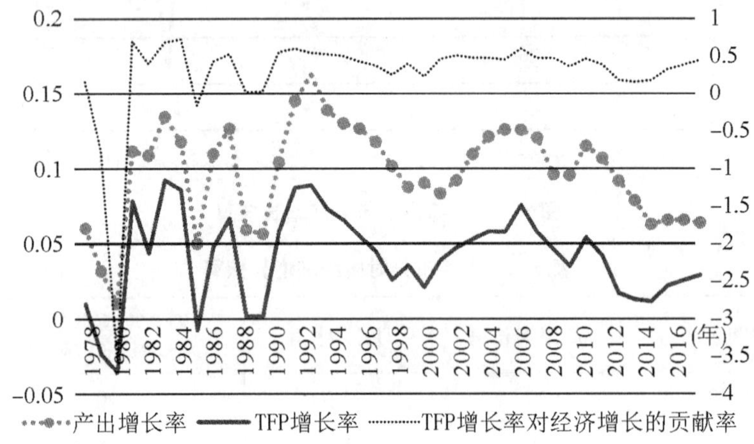

图 3-3 河北省各年经济增长核算

表 3-3 河北省分时段经济增长核算 单位:%

时间区间	产出增长率	TFP 增长率	TFP 增长率对经济增长的贡献率
1978—1987 年	8.1	3.1	38.7
1988—1997 年	11.6	5.4	46.3
1998—2007 年	10.6	4.7	44.3
2008—2017 年	8.4	2.9	34.7
1978—2017 年	9.7	4.0	41.7

（四）上海市

上海市是直辖市，中国经济、金融、贸易、航运、科技创新中心，面积6 340.5平方千米。截至2018年末，上海市常住人口总数为2 423.78万人。据《上海市2018年国民经济和社会发展统计公报》初步核算，上海市全年实现生产总值32 679.87亿元，占全国GDP比重的3.6%，按可比价格计算，比2017年增长6.6%。其中，第一产业增加值104.37亿元，下降6.9%；第二产业增加值9 732.54亿元，增长1.8%；第三产业增加值22 842.96亿元，增长8.7%。三次产业构成由2017年的0.3∶30.7∶69.0，变化为0.3∶29.8∶69.9。按常住人口计算，上海市人均地区生产总值为13.50万元，在31个省（区、市）中排名第2位。

上海市各年与分时段经济增长核算结果见图3-4和表3-4。改革开放40年（1978—2017年）来，上海市地区生产总值增长较快，但是波动性较大，1993年之前增长速度波动尤为剧烈，1993—2008年高速增长，2008年之后增长速度逐步放缓，其中增长最低年份（1988年）增长速度不到3%，增长最高年份（2006年）增长速度超过13%。全要素生产率增长率波动剧烈，40年内有13年为负值，导致全要素生产率增长率对经济增长的贡献率波动剧烈，最大值为97%，最小值为-182%。总体来看，1978—2017年上海市全要素生产率增长率对经济增长的贡献率为19.7%，并不是很高。分时段来看，1978—1987年上海市全要素生产率增长率对经济增长的贡献率为-22.7%，1988—1997年为16.6%，1998—2007年最高，为45.8%，2008—2017年为25.9%。

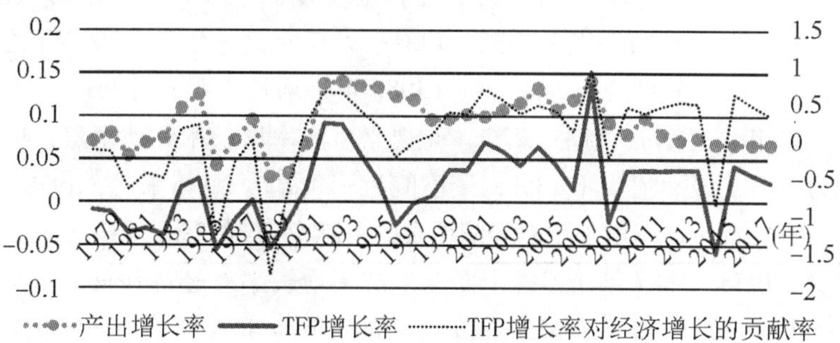

图3-4　上海市各年经济增长核算

表 3-4　上海市分时段经济增长核算　　单位:%

时间区间	产出增长率	TFP 增长率	TFP 增长率对经济增长的贡献率
1978—1987 年	7.8	-1.8	-22.7
1988—1997 年	10.1	1.7	16.6
1998—2007 年	11.2	5.1	45.8
2008—2017 年	7.6	2.0	25.9
1978—2017 年	9.2	1.8	19.7

（五）江苏省

江苏省地处长江经济带，下辖 13 个设区市，全部都进入“全国百强”，是唯一的所有地级市都跻身“百强”的省份。江苏省面积 107 200 平方千米。截至 2018 年末，江苏省常住总人口 8 050.7 万人。据《江苏省 2018 年国民经济和社会发展统计公报》初步核算，江苏省全年实现地区生产总值 92 595.4 亿元，占全国 GDP 比重的 10.1%，按可比价格计算，比 2017 年增长 6.7%。其中，第一产业增加值 4 141.7 亿元，增长 1.8%；第二产业增加值 41 248.5 亿元，增长 5.8%；第三产业增加值 47 205.2 亿元，增长 7.9%。三次产业构成由 2017 年的 4.7∶45.0∶50.3 变化为 4.5∶44.5∶51。按常住人口计算，江苏省人均地区生产总值为 115 168 元，在 31 个省（区、市）中排名第 4 位。

江苏省各年与分时段经济增长核算结果见图 3-5 和表 3-5。改革开放 40 年（1978—2017 年）来，江苏省地区生产总值增长较快，但是波动性巨大，1994 年之前增长速度波动尤为剧烈，1994—2007 年高速增长，2007 年之后增长速度逐步放缓，其中增长最低年份（1988 年）增长速度不到 3%，增长最高年份（1991 年）增长速度超过 22%。全要素生产率增长率波动剧烈，40 年内有 4 年为负值，最大值为 16.3%，最小值为-10.7%。总体来看，1978—2017 年江苏省全要素生产率增长率对经济增长的贡献率为 38.7%，相对比较高。分时段来看，1978—1987 年江苏省全要素生产率增长率对经济增长的贡献率为 25.6%，1988—1997 年为 26.6%，1998—2007 年为 46.8%，2008—2017 年最高，为 58.3%。

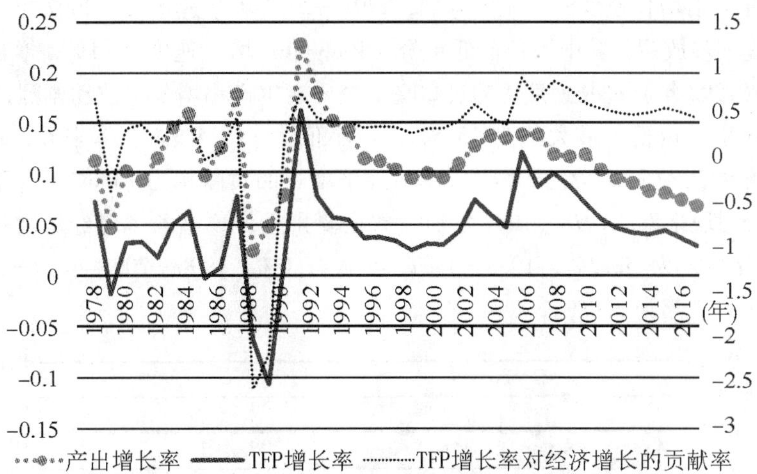

图 3-5　江苏省各年经济增长核算

表 3-5　江苏省分时段经济增长核算　　单位:%

时间区间	产出增长率	TFP 增长率	TFP 增长率对经济增长的贡献率
1978—1987 年	11.1	2.8	25.6
1988—1997 年	12.5	3.3	26.6
1998—2007 年	11.9	5.6	46.8
2008—2017 年	9.6	5.6	58.3
1978—2017 年	11.3	4.4	38.7

（六）浙江省

浙江省面积 105 500 平方千米。截至 2018 年末，浙江省常住人口 5 737 万人。据《浙江省 2018 年国民经济和社会发展统计公报》初步核算，浙江省全年实现地区生产总值 56 197 亿元，占全国 GDP 比重的 6.1%，按可比价格计算，比 2017 年增长 7.1%。其中，第一产业增加值 1 967 亿元，增长 1.9%；第二产业增加值 23 506 亿元，增长 6.7%；第三产业增加值 30 724 亿元，增长 7.8%。三次产业构成由 2017 年的 3.7：43.0：53.3 变化为 3.5：41.8：54.7。按常住人口计算，浙江省人均地区生产总值为 98 643 元，在 31 个省（区、市）中排名第 5 位。

浙江省各年与分时段经济增长核算结果见图 3-6 和表 3-6。改革开放 40 年（1978—2017 年）来，浙江省地区生产总值增长较快，但是波动性较大，

1991 年之前增长速度波动尤为剧烈，1991—2007 年高速增长，2007 年之后增长速度逐步放缓，其中增长最低年份（1988 年）增长速度为-1%，增长最高年份（1992 年）增长速度不超过 20%。全要素生产率增长率波动剧烈，40 年内有 6 年为负值，最大值为 13.5%，最小值为-15.4%。总体来看，1978—2017 年浙江省全要素生产率增长率对经济增长的贡献率为 23.6%，并不是很高。分时段来看，1978—1987 年浙江省全要素生产率增长率对经济增长的贡献率最高，为 52.3%，1988—1997 年为 37.0%，1998—2007 年为-3.5%，2008—2017 年为 3.0%。

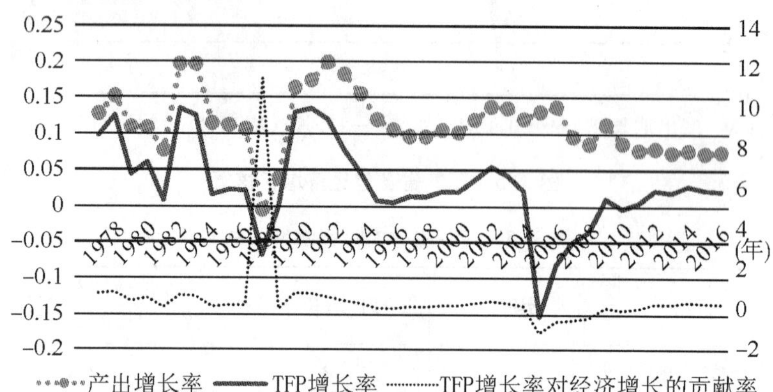

图 3-6　浙江省各年经济增长核算

表 3-6　浙江省分时段经济增长核算　　单位:%

时间区间	产出增长率	TFP 增长率	TFP 增长率对经济增长的贡献率
1978—1987 年	13.2	6.9	52.3
1988—1997 年	12.2	4.5	37.0
1998—2007 年	11.8	-0.4	-3.5
2008—2017 年	8.3	0.3	3.0
1978—2017 年	11.3	2.7	23.6

（七）福建省

福建省是中国大陆重要的出海口，面积 121 400 平方千米。截至 2018 年末，福建省常住人口 3 941 万人。据《福建省 2018 年国民经济和社会发展统计公报》初步核算，福建省全年实现地区生产总值 35 804.04 亿元，占全国 GDP 比重的 3.9%，按可比价格计算，比 2017 年增长 8.3%。其中，第一产业增加值 2 379.82 亿元，增长 3.5%；第二产业增加值 17 232.36 亿元，增长

8.5%；第三产业增加值16 191.86亿元，增长8.8%。三次产业构成由2017年的7.6∶48.8∶43.6变化为6.7∶48.1∶45.2。按常住人口计算，福建省人均地区生产总值为91 197元，在31个省（区、市）中排名第6位。

福建省各年与分时段经济增长核算结果见图3-7和表3-7。改革开放40年（1978—2017年）来，福建省地区生产总值增长较快，但波动性较大，相对来说，1998年之前增长速度波动较为剧烈，1998—2007年高速增长，2007年之后增长速度逐步放缓，其中增长最低年份（1978年）增长速度仅有5%，增长最高年份（1992年）增长速度超过20%。全要素生产率增长率波动较为剧烈，40年内有3年为负值，最大值为15.5%，最小值为-1%。总体来看，1978—2017年福建省全要素生产率增长率对经济增长的贡献率为37.9%，相对比较高。分时段来看，1978—1987年福建省全要素生产率增长率对经济增长的贡献率为47.8%，1988—1997年最高，为55.6%，1998—2007年为26.3%，2008—2017年为17.0%。

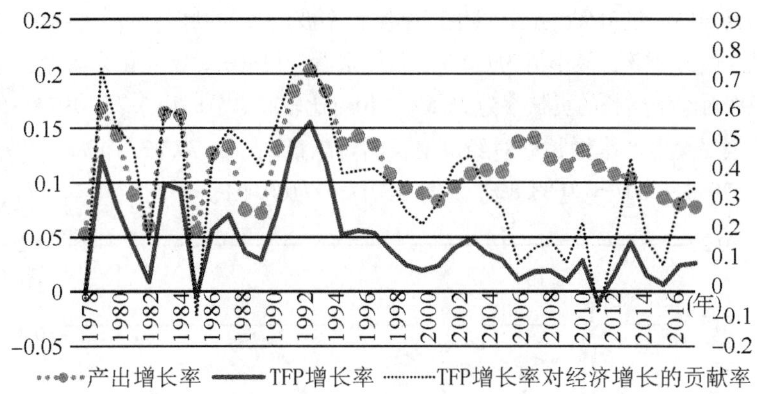

图3-7　福建省各年经济增长核算

表3-7　福建省分时段经济增长核算　　单位:%

时间区间	产出增长率	TFP增长率	TFP增长率对经济增长的贡献率
1978—1987年	11.3	5.4	47.8
1988—1997年	13.9	7.8	55.6
1998—2007年	10.8	2.8	26.3
2008—2017年	10.3	1.8	17.0
1978—2017年	11.6	4.4	37.9

（八）山东省

山东省面积 157 100 平方千米，自 2007 年以来经济总量居全国第 3 位。截至 2018 年末，山东省常住人口 10 047.24 万人。据《山东省 2018 年国民经济和社会发展统计公报》初步核算，山东省全年实现地区生产总值 76 469.7 亿元，占全国 GDP 比重的 8.4%，按可比价格计算，比 2017 年增长 6.4%。其中，第一产业增加值 4 950.5 亿元，增长 2.6%；第二产业增加值 33 641.7 亿元，增长 5.1%；第三产业增加值 37 877.4 亿元，增长 8.3%。三次产业构成由 2017 年的 6.7∶45.3∶48.0 变化为 6.5∶44.0∶49.5。按常住人口计算，山东省人均地区生产总值为 76 267 元，在 31 个省（区、市）中排名第 8 位。

山东省各年与分时段经济增长核算结果见图 3-8 和表 3-8。改革开放 40 年（1978—2017 年）来，山东省地区生产总值增长较快，但是波动性较大，相对来说，1996 年之前增长速度波动较为剧烈，1996—2004 年高速增长，2004 年之后增长速度逐步放缓，其中增长最低年份（1988 年）增长速度不到 4%，增长最高年份（1992 年）增长速度超过 18%。全要素生产率增长率波动较为剧烈，40 年内有 5 年为负值，最大值为 98%，最小值为-45%。总体来看，1978—2017 年山东省全要素生产率增长率对经济增长的贡献率为 36.5%，相对比较高。分时段来看，1978—1987 年山东省全要素生产率增长率对经济增长的贡献最高，为 39.0%，1988—1997 年为 37.1%，1998—2007 年为 38.8%，2008—2017 年为 30.4%。

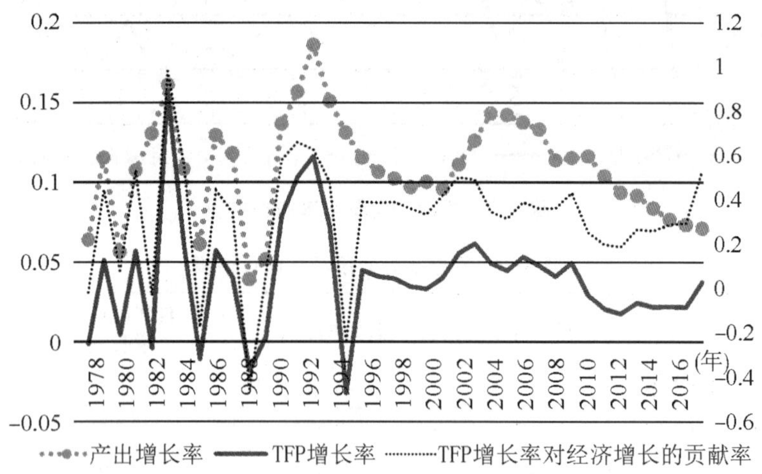

图 3-8　山东省各年经济增长核算

表 3-8　山东省分时段经济增长核算　单位:%

时间区间	产出增长率	TFP 增长率	TFP 增长率对经济增长的贡献率
1978—1987 年	10.3	4.0	39.0
1988—1997 年	11.8	4.4	37.1
1998—2007 年	11.8	4.6	38.8
2008—2017 年	9.4	2.8	30.4
1978—2017 年	10.8	4.0	36.5

（九）广东省

广东省自 1989 年起，地区国内生产总值连续居全国第一位，成为中国第一经济大省，经济总量占全国的 1/8，已达到中上等收入国家水平和中等发达国家水平。广东省域经济综合竞争力居全国第一。2016 年，广东省高新技术企业数量达到 19 857 家，总量居全国第一；PCT 国际专利申请量连续 15 年领跑全国。广东省面积 179 700 平方千米。截至 2018 年末，广东省常住人口 11 346.00 万人。据《广东省 2018 年国民经济和社会发展统计公报》初步核算，广东省全年实现地区生产总值 97 277.77 亿元，占全国 GDP 比重的 10.6%，按可比价格计算，比 2017 年增长 6.8%。其中，第一产业增加值 3 831.44 亿元，增长 4.2%；第二产业增加值 40 695.15 亿元，增长 5.9%；第三产业增加值 52 751.18 亿元，增长 7.8%。三次产业构成由 2017 年的 4.2∶43.0∶52.8 变化为 4.0∶41.8∶54.2。按常住人口计算，广东省人均地区生产总值为 86 412 元，在 31 个省（区、市）中排名第 7 位。

广东省各年与分时段经济增长核算结果见图 3-9 和表 3-9。改革开放 40 年（1978—2017 年）来，广东省地区生产总值增长较快，但是波动性较大，相对来说，1996 年之前增长速度波动较为剧烈，1996—2007 年高速增长，2007 年之后增长速度逐步放缓，其中增长最低年份（1988 年）增长速度不到 7%，增长最高年份（1992 年）增长速度超过 20%。全要素生产率增长率波动非常平缓，40 年内只有 1 年为负值，最大值为 13.3%，最小值为-0.3%。总体来看，1978—2017 年，广东省全要素生产率增长率对经济增长的贡献率为 44.9%，相对比较高。分时段来看，1978—1987 年广东省全要素生产率增长率对经济增长的贡献率最高，为 55.5%，1988—1997 年为 46.2%，1998—2007 年为 38.1%，2008—2017 年为 38.8%，1978—2017 年为 44.9%。

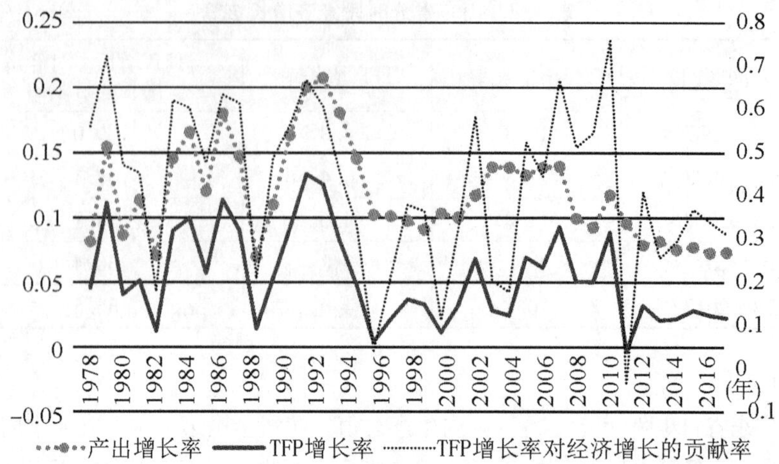

图 3-9　广东省各年经济增长核算

表 3-9　广东省分时段经济增长核算　　单位：%

时间区间	产出增长率	TFP 增长率	TFP 增长率对经济增长的贡献率
1978—1987 年	12. 3	6. 8	55. 5
1988—1997 年	14. 1	6. 5	46. 2
1998—2007 年	11. 9	4. 5	38. 1
2008—2017 年	8. 6	3. 3	38. 8
1978—2017 年	11. 7	5. 3	44. 9

（十）海南省

海南省是我国的经济特区、自由贸易港试验区，位于中国华南地区，其中海南岛总面积 33 900 平方千米，海域面积约 2 000 000 平方千米。截至 2018 年末，海南省常住人口 934. 32 万人。据《海南省 2018 年国民经济和社会发展统计公报》初步核算，海南省全年实现地区生产总值 4 832. 05 亿元，占全国 GDP 比重的 0. 5%，按可比价格计算，比 2017 年增长 5. 8%。其中，第一产业增加值 1 000. 11 亿元，增长 3. 9%；第二产业增加值 1 095. 79 亿元，增长 4. 8%；第三产业增加值 2 736. 15 亿元，增长 6. 8%。三次产业构成由 2017 年的 22. 0 ∶ 22. 3 ∶ 55. 7 变化为 20. 7 ∶ 22. 7 ∶ 56. 6。按常住人口计算，海南省人均地区生产总值为 51 955 元，在 31 个省（区、市）中排名第 17 位。

海南省各年与分时段经济增长核算结果见图 3-10 和表 3-10。改革开放 40

年（1978—2017 年）来，海南省地区生产总值增长较快，但是波动性巨大，相对来说，1995 年之前增长速度波动较为剧烈，1995—2010 年高速增长，2010 年之后增长速度逐步放缓，其中增长最低年份（1979 年）增长速度不到 2%，增长最高年份（1991 年）增长速度超过 35%。全要素生产率增长率波动非常剧烈，40 年内有 11 年为负值，最大值为 29%，最小值为-3.9%。总体来看，1978—2017 年海南省全要素生产率增长率对经济增长的贡献率为 37.8%，相对比较高。分时段来看，1978—1987 年海南省全要素生产率增长率对经济增长的贡献率为 37.5%，1988—1997 年为 44.6%，1998—2007 年最高，为 56%，2008—2017 年为 11.3%。

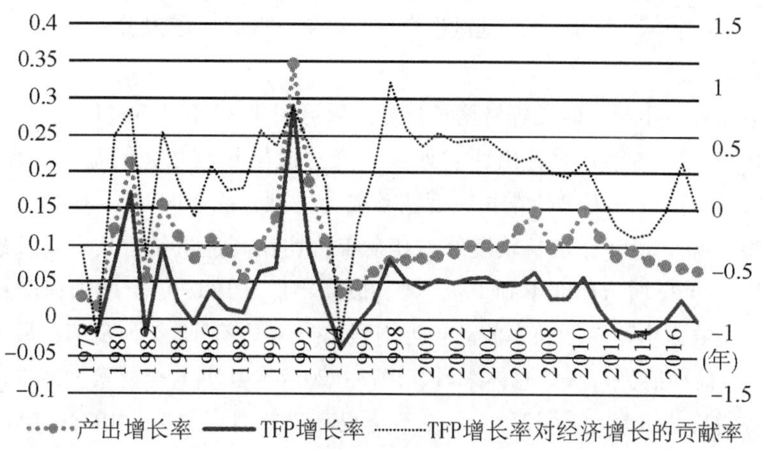

图 3-10　海南省各年经济增长核算

表 3-10　海南省分时段经济增长核算　　单位：%

时间区间	产出增长率	TFP 增长率	TFP 增长率对经济增长的贡献率
1978—1987 年	9.9	3.7	37.5
1988—1997 年	11.5	5.1	44.6
1998—2007 年	10.0	5.6	56.0
2008—2017 年	9.5	1.1	11.3
1978—2017 年	10.2	3.9	37.8

二、中部地区

（一）山西省

山西省面积 156 700 平方千米，截至 2018 年末，常住人口 3 718.34 万人。据《山西省 2018 年国民经济和社会发展统计公报》初步核算，山西省全年实现地区生产总值 16 818.1 亿元，占全国 GDP 比重的 1.8%，按不变价计算，比 2017 年增长 6.7%。其中，第一产业增加值 740.6 亿元，增长 2.1%；第二产业增加值 7 089.2 亿元，增长 4.5%；第三产业增加值 8 988.3 亿元，增长 8.8%。三次产业构成由 2017 年的 5.2 : 41.3 : 53.5 变化为 4.4 : 42.2 : 53.4。按常住人口计算，山西省人均地区生产总值为 45 328 元，在 31 个省（区、市）中排名第 25 位。

山西省各年与分时段经济增长核算结果见图 3-11 和表 3-11。改革开放 40 年（1978—2017 年）来，山西省地区生产总值增长较快，但是波动性巨大，相对来说，1979—2017 年增长速度波动较为剧烈，除 1980 年、1981 年、1991 年、2015 年、2016 年增长较慢外，其余年份均在高速增长，其中增长最低年份（1980 年）增长速度不到 1%，增长最高年份（1983 年）增长速度在 20% 左右。全要素生产率增长率波动较为剧烈，40 年内有 12 年为负值，最大值为 14.3%，最小值为-3%。总体来看，1978—2017 年山西省全要素生产率增长率对经济增长的贡献率为 32.5%，并不是很高。分时段来看，1978—1987 年山西省全要素生产率增长率对经济增长的贡献率为 39.0%，1988—1997 年最高，为 57.7%，1998—2007 年为 34.1%，2008—2017 年为-4.5%。

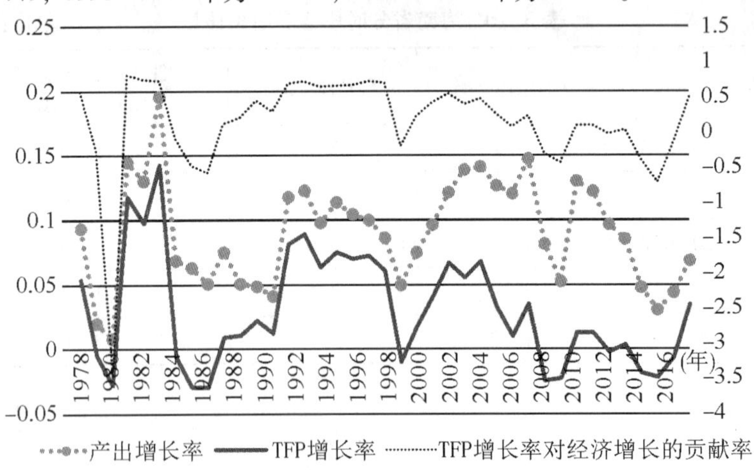

图 3-11　山西省各年经济增长核算

表 3-11　山西省分时段经济增长核算　　单位:%

时间区间	产出增长率	TFP 增长率	TFP 增长率对经济增长的贡献率
1978—1987 年	8.5	3.3	39.0
1988—1997 年	8.7	5.0	57.7
1998—2007 年	11.0	3.7	34.1
2008—2017 年	7.5	-0.3	-4.5
1978—2017 年	8.9	2.9	32.5

（二）安徽省

安徽省是长江三角洲经济区的重要组成部分，面积 140 100 平方千米。截至 2018 年末，安徽省常住人口 6 323.6 万人。据《安徽省 2018 年国民经济和社会发展统计公报》初步核算，安徽省全年实现地区生产总值 30 006.8 亿元，占全国 GDP 比重的 3.3%，按可比价格计算，比 2017 年增长 8.02%。其中，第一产业增加值 2 638.01 亿元，增长 3.2%；第二产业增加值 13 842.09 亿元，增长 8.5%；第三产业增加值 13 526.72 亿元，增长 8.6%。三次产业结构由 2017 年的 9.6∶47.5∶42.9 变化为 8.8∶46.1∶45.1。按常住人口计算，安徽省人均地区生产总值为 47 712 元，在 31 个省（区、市）中排名第 22 位。

安徽省各年与分时段经济增长核算结果见图 3-12 和表 3-12。改革开放 40 年（1978—2017 年）来，安徽省地区生产总值增长较快，但是波动性巨大，相对来说，1994 年之前增长速度波动较为剧烈，1994—2010 年高速增长，2010 年之后增长速度逐步放缓，其中增长最低年份（1990 年）增长速度不到 -2%，增长最高年份（1983 年）增长速度超过 18%。全要素生产率增长率波动较为剧烈，40 年内有 12 年为负值，最大值为 12.6%，最小值为-5.4%。总体来看，1978—2017 年安徽省全要素生产率增长率对经济增长的贡献率为 42.5%，相对比较高。分时段来看，1978—1987 年安徽省全要素生产率增长率对经济增长的贡献率为 45.3%，1988—1997 年最高，为 48.5%，1998—2007 年为 43.3%，2008—2017 年为 33.7%。

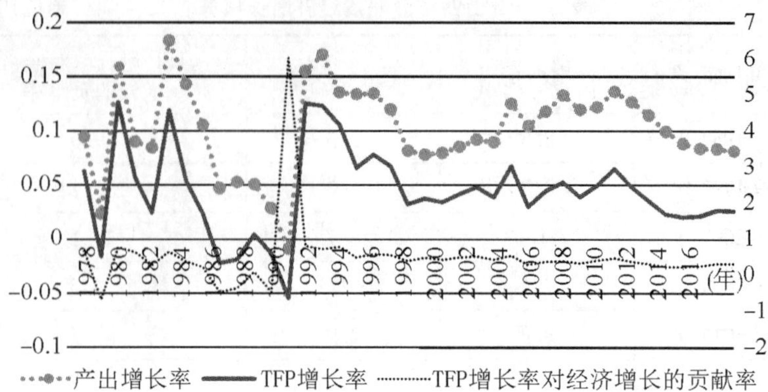

图 3-12　安徽省各年经济增长核算

表 3-12　安徽省分时段经济增长核算　　单位:%

时间区间	产出增长率	TFP 增长率	TFP 增长率对经济增长的贡献率
1978—1987 年	10. 3	4. 7	45. 3
1988—1997 年	9. 6	4. 6	48. 5
1998—2007 年	9. 8	4. 3	43. 3
2008—2017 年	10. 5	3. 5	33. 7
1978—2017 年	10. 0	4. 3	42. 5

（三）江西省

江西省是长江三角洲经济区、珠江三角洲经济区和海峡西岸经济区的腹地，面积 166 900 平方千米。截至 2018 年末，江西省常住人口 4 647.6 万人。据《江西省 2018 年国民经济和社会发展统计公报》初步核算，江西省全年实现地区生产总值 21 984. 8 亿元，占全国 GDP 比重的 2. 4%，按可比价格计算，比 2017 年增长 8. 7%。其中，第一产业增加值 1 877. 3 亿元，增长 3. 4%；第二产业增加值 10 250. 2 亿元，增长 8. 3%；第三产业增加值 9 857. 2 亿元，增长 10. 3%。三次产业结构由 2017 年的 9. 4 : 47. 9 : 42. 7 变化为 8. 6 : 46. 6 : 44. 8。按常住人口计算，江西省人均地区生产总值为 47 434 元，在 31 个省（区、市）中排名第 24 位。

江西省各年与分时段经济增长核算结果见图 3-13 和表 3-13。改革开放 40 年（1978—2017 年）来，江西省地区生产总值增长较快，但波动性较大，相对来说，1998 年之前增长速度波动较为剧烈，1998—2010 年高速增长，2010

年之后增长速度逐步放缓，其中增长最低年份（1979 年）增长速度在 4%左右，增长最高年份（1978 年）增长速度超过 14%。全要素生产率增长率波动较为剧烈，40 年内有 3 年为负值，最大值为 13.8%，最小值为-16.6%。总体来看，1978—2017 年江西省全要素生产率增长率对经济增长的贡献率为 49%，相对比较高。分时段来看，1978—1987 年江西省全要素生产率增长率对经济增长的贡献率为 44.9%，1988—1997 年为 38.2%，1998—2007 年最高，为 56.6%，2008—2017 年为 54.6%。

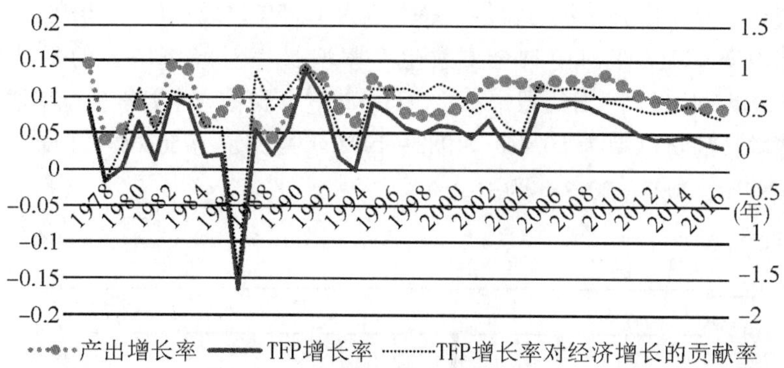

图 3-13　江西省各年经济增长核算

表 3-13　江西省分时段经济增长核算　　单位:%

时间区间	产出增长率	TFP 增长率	TFP 增长率对经济增长的贡献率
1978—1987 年	9.1	4.1	44.9
1988—1997 年	9.4	3.6	38.2
1998—2007 年	10.2	5.8	56.6
2008—2017 年	10.5	5.7	54.6
1978—2017 年	9.8	4.8	49.0

（四）河南省

河南省面积 167 000 平方千米。截至 2018 年末，常住人口 9 605 万人。据《河南省 2018 年国民经济和社会发展统计公报》初步核算，河南省全年实现地区生产总值 48 055.86 亿元，占全国 GDP 比重 5.3%，按可比价格计算，比 2017 年增长 7.6%。其中，第一产业增加值 4 289.38 亿元，增长 3.3%；第二产业增加值 22 034.83 亿元，增长 7.2%；第三产业增加值 21 731.65 亿元，增长 9.2%。三次产业结构由 2017 年的 9.6 : 47.7 : 42.7 变化为 8.9: 45.9:

45.2。按常住人口计算，河南省人均地区生产总值为 50 152 元，在 31 个省（区、市）中排名第 18 位。

河南省各年与分时段经济增长核算结果见图 3-14 和表 3-14。改革开放 40 年（1978—2017 年）来，河南省地区生产总值增长较快，但是波动性巨大，相对来说，1992 年之前增长速度波动较为剧烈，1992—2007 年高速增长，2007 年之后增长速度逐步放缓，其中增长最低年份（1981 年）增长速度超过 4%，增长最高年份（1982 年）增长速度超过 21%。全要素生产率增长率波动较为剧烈，40 年内有 5 年为负值，最大值为 15.5%，最小值为-0.9%。总体来看，1978—2017 年河南省全要素生产率增长率对经济增长的贡献率为 37.5%，相对比较高。分时段来看，1978—1987 年河南省全要素生产率增长率对经济增长的贡献率为 50.4%，1988—1997 年最高，为 50.6%，1998—2007 年为 32.4%，2008—2017 年为 16.0%。

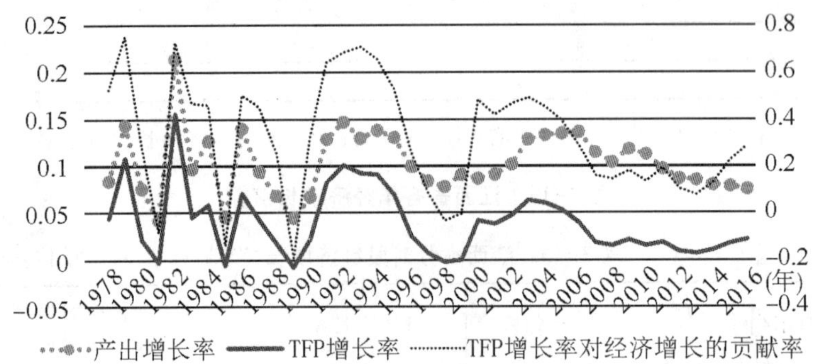

图 3-14　河南省各年经济增长核算

表 3-14　河南省分时段经济增长核算　　单位:%

时间区间	产出增长率	TFP 增长率	TFP 增长率对经济增长的贡献率
1978—1987 年	10.6	5.3	50.4
1988—1997 年	10.4	5.3	50.6
1998—2007 年	10.6	3.4	32.4
2008—2017 年	9.5	1.5	16.0
1978—2017 年	10.3	3.8	37.5

（五）湖北省

湖北省面积 185 900 平方千米，截至 2018 年末，常住人口 5 917 万人。据

《湖北省 2018 年国民经济和社会发展统计公报》初步核算，湖北省全年实现地区生产总值 39 366.55 亿元，占全国 GDP 比重的 4.3%，按可比价格计算，比 2017 年增长 7.8%。其中，第一产业增加值 3 547.51 亿元，增长 2.9%；第二产业增加值 17 088.95 亿元，增长 6.8%；第三产业增加值 18 730.09 亿元，增长 9.9%。三次产业结构由 2017 年的 10.0：43.5：46.5 变化为 9.0：43.4：47.6。按常住人口计算，湖北省人均地区生产总值为 66 531 元，在 31 个省（区、市）中排名第 10 位。

湖北省各年与分时段经济增长核算结果见图 3-15 和表 3-15。改革开放 40 年（1978—2017 年）来，湖北地区生产总值增长较快，但是波动性较大，相对来说，1992 年之前增长速度波动较为剧烈，1992—2007 年高速增长，2007 年之后增长速度逐步放缓，其中增长最低年份（1988 年）增长速度超过 4%，增长最高年份（1983 年）增长速度在 19%左右。全要素生产率增长率波动非常剧烈，40 年内有 2 年为负值，最大值为 14.5%，最小值为-12%。总体来看，1978—2017 年湖北省全要素生产率增长率对经济增长的贡献率为 48.6%，相对比较高。分时段来看，1978—1987 年湖北省全要素生产率增长率对经济增长的贡献率最高，为 62.1%，1988—1997 年为 37.6%，1998—2007 年为 52.3%，2008—2017 年为 43.6%。

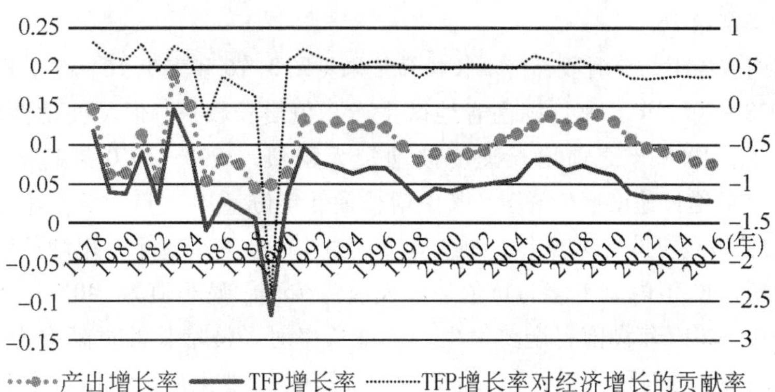

图 3-15　湖北省各年经济增长核算

表 3-15　湖北省分时段经济增长核算　　单位:%

时间区间	产出增长率	TFP 增长率	TFP 增长率对经济增长的贡献率
1978—1987 年	10.1	6.3	62.1
1988—1997 年	9.8	3.7	37.6
1998—2007 年	10.1	5.3	52.3
2008—2017 年	10.5	4.6	43.6
1978—2017 年	10.1	4.9	48.6

（六）湖南省

湖南省面积 211 800 平方千米，截至 2018 年末，常住人口 6 898.8 万人。据《湖南省 2018 年国民经济与社会发展统计公报》初步核算，湖南省全年实现地区生产总值 36 425.8 亿元，占全国 GDP 比重的 4%，按可比价格计算，比 2017 年增长 7.8%。其中，第一产业增加值 3 083.6 亿元，增长 3.5%；第二产业增加值 14 453.5 亿元，增长 7.2%；第三产业增加值 18 888.7 亿元，增长 9.2%。三次产业结构由 2017 年的 10.7∶40.9∶48.4 变化为 8.5∶39.7∶51.8。按常住人口计算，湖南省人均地区生产总值为 52 949 元，在 31 个省（区、市）中排名第 16 位。

湖南省各年与分时段经济增长核算结果见图 3-16 和表 3-16。改革开放 40 年（1978—2017 年）来，湖南省地区生产总值增长较快，但是波动性较大，相对来说，1998 年之前增长速度波动较为剧烈，1998—2010 年高速增长，2010 年之后增长速度逐步放缓，其中增长最低年份（1988 年）增长速度不到 4%，增长最高年份（2009 年）增长速度超过 13%。全要素生产率增长率波动较为剧烈，40 年内有 1 年为负值，最大值为 76%，最小值为-40%。总体来看，1978—2017 年湖南省全要素生产率增长率对经济增长的贡献率为 48%，相对比较高。分时段来看，1978—1987 年湖南省全要素生产率增长率对经济增长的贡献率为 48.5%，1988—1997 年最高，为 58.3%，1998—2007 年为 47.4%，2008—2017 年为 39.4%。

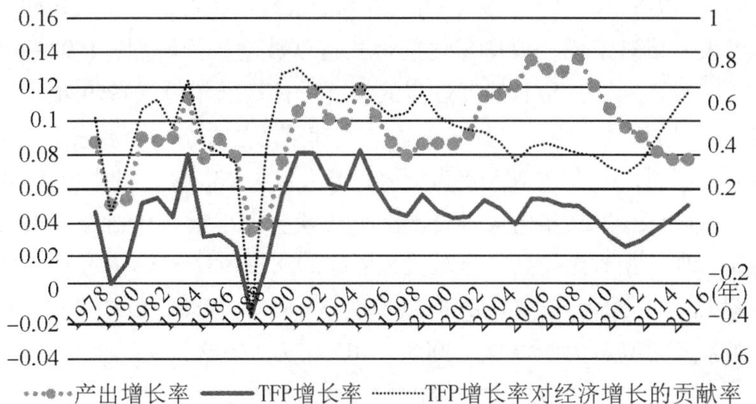

图 3-16　湖南省各年经济增长核算

表 3-16　湖南省分时段经济增长核算　　　　单位:%

时间区间	产出增长率	TFP 增长率	TFP 增长率对经济增长的贡献率
1978—1987 年	8. 2	4. 0	48. 5
1988—1997 年	8. 7	5. 1	58. 3
1998—2007 年	10. 0	4. 7	47. 4
2008—2017 年	10. 4	4. 1	39. 4
1978—2017 年	9. 4	4. 5	48. 0

三、西部地区

（一）内蒙古自治区

内蒙古自治区面积 1 183 000 平方千米，截至 2018 年末，区内常住人口 2 534. 0万人。据《内蒙古自治区 2018 年国民经济和社会发展统计公报》初步核算，内蒙古自治区全年实现地区生产总值 17 289. 2 亿元，占全国 GDP 比重的 1. 9%，按可比价格计算，比 2017 年增长 5. 3%。其中，第一产业增加值 1 753. 8亿元，增长 3. 2%；第二产业增加值 6 807. 3 亿元，增长 5. 1%；第三产业增加值 8 728. 1 亿元，增长 6. 0%。三次产业结构由 2017 年的 10. 2∶39. 8∶50. 0 变化为 10. 1∶39. 4∶50. 5。按常住人口计算，内蒙古自治区人均地区生产总值为 68 302 元，在 31 个省（区、市）中排名第 9 位。

内蒙古自治区各年与分时段经济增长核算结果见图 3-17 和表 3-17。改革开放 40 年（1978—2017 年）来，内蒙古自治区地区生产总值增长较快，但是波动性巨大。相对来说，1992 年之前增长速度波动较为剧烈，1992—2005 年高速增长，2005 年之后增长速度逐步放缓，增长最低年份（1979 年）增长速度不到 2%，增长最高年份（2004 年）增长速度超过 21%。全要素生产率增长率波动较为剧烈，40 年内有 5 年为负值，最大值为 13. 4%，最小值为-4. 3%。总体来看，1978—2017 年内蒙古自治区全要素生产率增长率对经济增长的贡献率为 34. 2%，相对比较高。分时段来看，1978—1987 年内蒙古自治区全要素生产率增长率对经济增长的贡献率为 33. 9%，1988—1997 年为 39. 9%，1998—2007 年最高，为 43. 9%，2008—2017 年为 17. 0%。

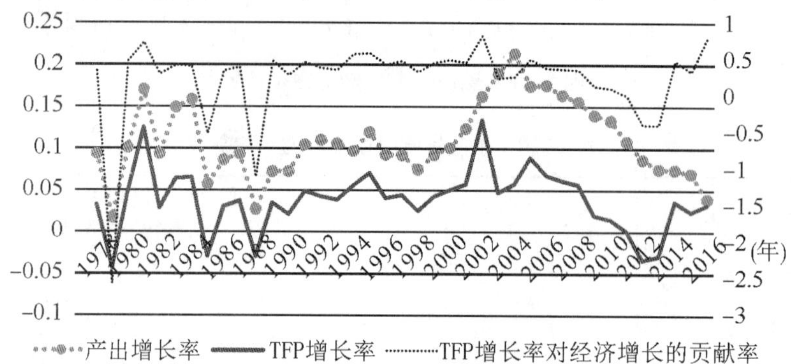

图 3-17　内蒙古自治区各年经济增长核算

表 3-17　内蒙古自治区分时段经济增长核算　　单位:%

时间区间	产出增长率	TFP 增长率	TFP 增长率对经济增长的贡献率
1978—1987 年	10. 2	3. 5	33. 9
1988—1997 年	8. 9	3. 6	39. 9
1998—2007 年	13. 9	6. 1	43. 9
2008—2017 年	10. 4	1. 8	17. 0
1978—2017 年	10. 9	3. 7	34. 2

（二）广西壮族自治区

广西壮族自治区陆地面积 237 600 平方千米，海域面积约 40 000 平方千米，截至 2018 年末，常住人口 4 926 万人。据《广西壮族自治区 2018 年国民经济和社会发展统计公报》初步核算，广西壮族自治区全年实现地区生产总值 20 352. 51 亿元，占全国 GDP 比重的 2. 2%，按可比价格计算，比 2017 年增长 6. 8%。其中，第一产业增加值 3 012. 17 亿元，增长 5. 6%；第二产业增加值 8 079.95 亿元，增长 4.3%；第三产业增加值 9 260.39 亿元，增长 9.4%。三次产业结构由 2017 年的 14.2 : 45.6 : 40.2 变化为 14.8 : 39.7 : 45.5。按常住人口计算，广西壮族自治区人均地区生产总值为 41 489 元，在 31 个省（区、市）中排名第 28 位。

广西壮族自治区各年与分时段经济增长核算结果见图 3-18 和表 3-18。改革开放 40 年（1978—2017 年）来，广西壮族自治区地区生产总值增长较快，但是波动性巨大。相对来说，1997 年之前增长速度波动较为剧烈，1997—2007 年高速增长，2007 年之后增长速度逐步放缓，其中增长最低年份（1982 年）增长速度超过 3%，增长最高年份（1991 年）增长速度超过 16%。全要素生产率增长率波动较为平缓，40 年内有 2 年为负值，最大值为 14.6%，最小值为-0.2%。总体来看，1978—2017 年广西壮族自治区全要素生产率增长率对经济增长的贡献率为 45.9%，相对比较高。分时段来看，1978—1987 年广西壮族自治区全要素生产率增长率对经济增长的贡献率为 50.6%，1988—1997 年最高，为 55.9%，1998—2007 年为 43.0%，2008—2017 年为 35.6%。

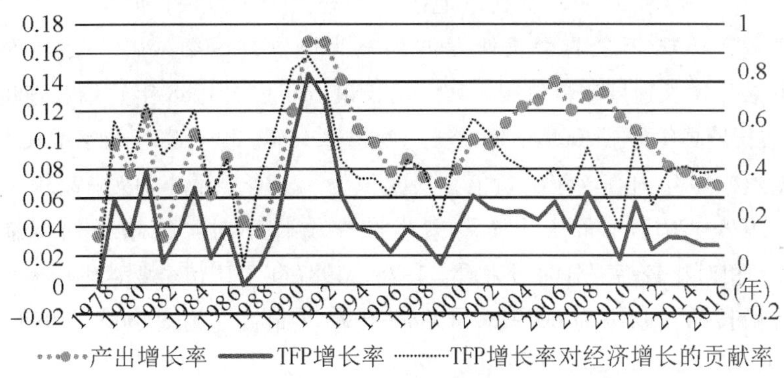

图 3-18　广西壮族自治区各年经济增长核算

表 3-18　广西壮族自治区分时段经济增长核算　　单位:%

时间区间	产出增长率	TFP 增长率	TFP 增长率对经济增长的贡献率
1978—1987 年	7.5	3.8	50.6
1988—1997 年	10.2	5.7	55.9
1998—2007 年	10.1	4.3	43.0
2008—2017 年	10.0	3.6	35.6
1978—2017 年	9.5	4.4	45.9

（三）重庆市

重庆市是中西部唯一的直辖市、国家中心城市、超大城市、国际大都市，长江上游地区的经济、金融、科创、航运和商贸物流中心，西部大开发重要的战略支点、“一带一路”和长江经济带重要连接点以及内陆开放高地，面积82 400平方千米。截至2018年末，重庆市常住人口3 101.79万人。据《重庆市2018年国民经济和社会发展统计公报》初步核算，重庆市全年实现地区生产总值20 363.19亿元，占全国GDP比重的2.2%，按可比价格计算，比2017年增长6.0%。其中，第一产业增加值1 378.27亿元，增长4.4%；第二产业增加值8 328.79亿元，增长3.0%；第三产业增加值10 656.13亿元，增长9.1%。三次产业结构由2017年的6.9∶44.1∶49.0变化为6.8∶40.9∶52.3。按常住人口计算，重庆市人均地区生产总值为65 933元，在31个省（区、市）中排名第11位。

重庆市各年与分时段经济增长核算结果见图3-19和表3-19。改革开放40年（1978—2017年）来，重庆市地区生产总值增长较快，但是波动性较大，相对来说，1992年之前增长速度波动较为剧烈，1992—2010年高速增长，2010年之后增长速度逐步放缓，其中增长最低年份（1988年）增长速度超过4%，增长最高年份（2009年）增长速度超过15%。全要素生产率增长率波动较为剧烈，40年内有3年为负值，最大值为12.8%，最小值为-2.3%。总体来看，1978—2017年重庆市全要素生产率增长率对经济增长的贡献率为49.4%，相对比较高。分时段来看，1978—1987年重庆市全要素生产率增长率对经济增长的贡献率为60.9%，1988—1997年最高，为69.9%，1998—2007年为21.6%，2008—2017年为48.6%。

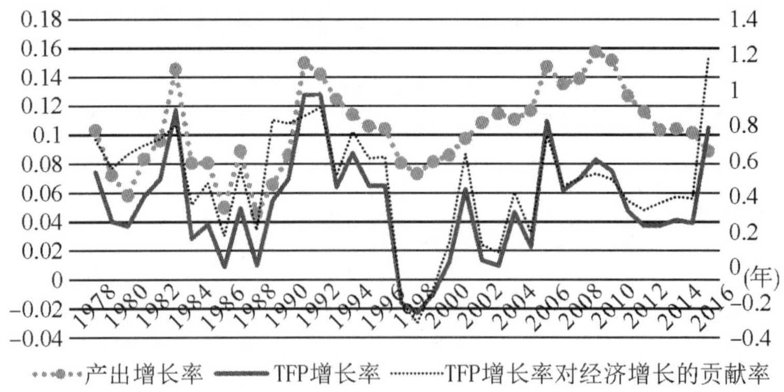

图3-19　重庆市各年经济增长核算

表 3-19 重庆市分时段经济增长核算 单位:%

时间区间	产出增长率	TFP 增长率	TFP 增长率对经济增长的贡献率
1978—1987 年	8.5	5.2	60.9
1988—1997 年	10.2	7.2	69.9
1998—2007 年	10.2	2.2	21.6
2008—2017 年	12.2	6.0	48.6
1978—2017 年	10.3	5.1	49.4

（四）四川省

四川省面积 486 000 平方千米，截至 2018 年末，常住人口 8 341 万人。据《四川省 2018 年国民经济和社会发展统计公报》初步核算，四川省全年实现地区生产总值 40 678.13 亿元，占全国 GDP 比重的 4.4%，按可比价格计算，比 2017 年增长 8.0%。其中，第一产业增加值 4 426.7 亿元，增长 3.6%；第二产业增加值 15 322.7 亿元，增长 7.5%；第三产业增加值 20 928.7 亿元，增长 9.4%。三次产业结构由 2017 年的 11.6 : 38.7 : 49.7 变化为 10.9 : 37.7 : 51.4。按常住人口计算，四川省人均地区生产总值为 48 883 元，在 31 个省（区、市）中排名第 20 位。

四川省各年与分时段经济增长核算结果见图 3-20 和表 3-20。改革开放 40 年（1978—2017 年）来，四川省地区生产总值增长较快，但是波动性较大，相对来说，1992 年之前增长速度波动较为剧烈，1992—2009 年高速增长，其中 1998 年、2007 年增长速度迅速下降然后回升，2010 年之后增长速度逐步放缓，其中增长最低年份（1988 年）增长速度超过 3%，增长最高年份（1999 年）增长速度超过 14%。全要素生产率增长率波动较为平缓，40 年内有 3 年为负值，最大值为 10.2%，最小值为-1.1%。总体来看，1978—2017 年四川省全要素生产率增长率对经济增长的贡献率为 41.7%，相对比较高。分时段来看，1978—1987 年四川省全要素生产率增长率对经济增长的贡献率为 38.8%，1988—1997 年最高，为 58.9%，1998—2007 年为 38.6%，2008—2017 年为 31.7%。

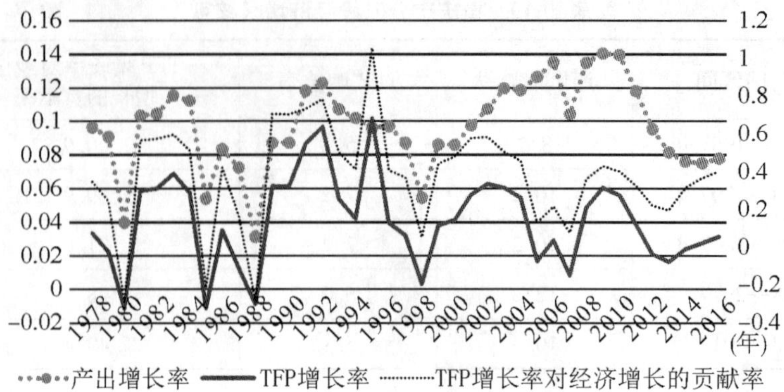

图 3-20 四川省各年经济增长核算

表 3-20 四川省分时段经济增长核算 单位:%

时间区间	产出增长率	TFP 增长率	TFP 增长率对经济增长的贡献率
1978—1987 年	8. 9	3. 4	38. 8
1988—1997 年	9. 2	5. 4	58. 9
1998—2007 年	10. 2	3. 9	38. 6
2008—2017 年	10. 4	3. 3	31. 7
1978—2017 年	9. 7	4. 0	41. 7

(五) 贵州省

贵州省为中国西南地区交通枢纽，是长江经济带重要组成部分，全国首个国家级大数据综合试验区，面积 176 167 平方千米。截至 2018 年末，贵州省常住人口 3 600 万人。据《贵州省 2018 年国民经济和社会发展统计公报》初步核算，贵州省全年实现地区生产总值 14 806. 45 亿元，占全国 GDP 比重的 1. 6%，按可比价格计算，比 2017 年增长 9. 1%。其中，第一产业增加值 2 159. 54亿元，增长 6. 9%；第二产业增加值 5 755. 54 亿元，增长 9. 5%；第三产业增加值 6 891. 37 亿元，增长 9. 5%。三次产业结构由 2017 年的 14. 9 : 40. 2 : 44. 9 变化为 14. 6 : 38. 9 : 46. 5。按常住人口计算，贵州省人均地区生产总值为 41 244 元，在 31 个省（区、市）中排名第 29 位。

贵州省各年与分时段经济增长核算结果见图 3-21 和表 3-21。改革开放 40 年（1978—2017 年）来，贵州省地区生产总值增长较快，但是波动性较大，相对来说，1991 年之前增长速度波动较为剧烈，1991—2011 年高速增长，

2011 年之后增长速度逐步放缓，其中增长最低年份（1989 年）增长速度超过 4%，增长最高年份（1983 年）增长速度超过 18%。全要素生产率增长率波动剧烈，40 年内有 5 年为负值，最大值为 27.4%，最小值为-5.1%。总体来看，1978—2017 年贵州省全要素生产率增长率对经济增长的贡献率为 49.8%，相对比较高。分时段来看，1978—1987 年贵州省全要素生产率增长率经济增长的贡献率为 51.1%，1988—1997 年最高，为 56.3%，1998—2007 年为 37.9%，2008—2017 年为 55.0%。

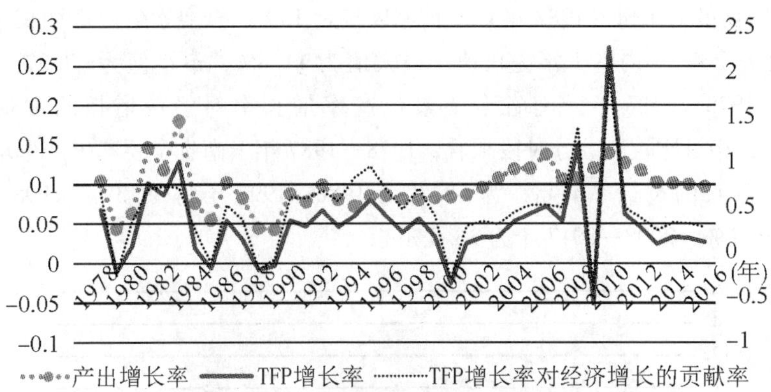

图 3-21　贵州省各年经济增长核算

表 3-21　贵州省分时段经济增长核算　　单位:%

时间区间	产出增长率	TFP 增长率	TFP 增长率对经济增长的贡献率
1978—1987 年	9.8	5.0	51.1
1988—1997 年	7.6	4.3	56.3
1998—2007 年	10.0	3.8	37.9
2008—2017 年	11.2	6.2	55.0
1978—2017 年	9.6	4.8	49.8

（六）云南省

云南省面积 394 000 平方千米，截至 2018 年末，常住人口 4 829.5 万人。据《云南省 2018 年国民经济和社会发展统计公报》初步核算，云南省全年实现地区生产总值 17 881.12 亿元，占全国 GDP 比重的 2%，按可比价格计算，比 2017 年增长 8.9%。其中，第一产业增加值 2 498.86 亿元，增长 6.3%；第二产业增加值 6 957.44 亿元，增长 11.3%；第三产业增加值 8 424.82 亿元，增长7.6%。三次产业结构由2017年的14.3∶37.9∶47.8变化为14.0∶38.9∶47.1。按常住人口计算，云南省人均地区生产总值为37 136元，在31个省（区、市）中排名第30位。

云南省各年与分时段经济增长核算结果见图3-22和表3-22。改革开放40年（1978—2017年）来，云南省地区生产总值增长较快，但是波动性较大，相对来说，1992年之前增长速度波动较为剧烈，1992—2012年高速增长，2012年之后增长速度逐步放缓，其中增长最低年份（1978年）增长速度超过4%，增长最高年份（1987年）增长速度接近15%。全要素生产率增长率波动较为平缓，40年内有1年为负值，最大值为11.8%，最小值为-0.6%。总体来看，1978—2017年云南省全要素生产率增长率对经济增长的贡献率为41.9%，相对比较高。分时段来看，1978—1987年云南省全要素生产率增长率对经济增长的贡献率最高，为65.7%，1988—1997年为38.3%，1998—2007年为30.6%，2008—2017年为36.0%。

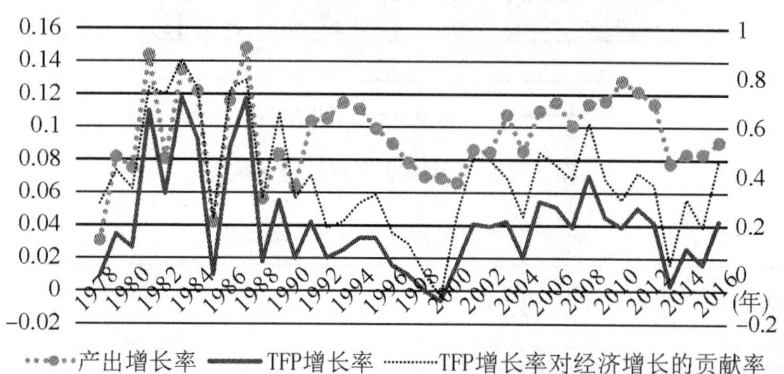

图3-22 云南省各年经济增长核算

表3-22 云南省分时段经济增长核算 单位:%

时间区间	产出增长率	TFP增长率	TFP增长率对经济增长的贡献率
1978—1987年	9.1	6.0	65.7
1988—1997年	9.7	3.7	38.3
1998—2007年	8.7	2.7	30.6
2008—2017年	10.3	3.7	36.0
1978—2017年	9.5	4.0	41.9

（七）西藏自治区

西藏自治区是中国五个少数民族自治区之一，面积 1 202 189 平方千米。截至 2018 年末，西藏自治区常住人口 343.82 万人。据《西藏自治区 2018 年国民经济和社会发展统计公报》初步核算，西藏自治区全年实现地区生产总值 1 477.63 亿元，占全国 GDP 比重的 0.2%，按可比价格计算，比 2017 年增长 9.1%。其中，第一产业增加值 130.25 亿元，增长 3.4%；第二产业增加值 628.37 亿元，增长 17.5%；第三产业增加值 719.01 亿元，增长 4.1%。三次产业结构由 2017 年的 9.4∶39.2∶51.4 变化为 8.8∶42.5∶48.7。按常住人口计算，西藏自治区人均地区生产总值为 43 397 元，在 31 个省（区、市）中排名第 26 位。

西藏自治区各年与分时段经济增长核算结果见图 3-23 和表 3-23。改革开放 40 年（1978—2017 年）来，西藏自治区地区生产总值增长较快，但是波动性较大，相对来说，1993 年之前增长速度波动较为剧烈，1993—2017 年持续高速增长，2017 年后增长速度逐步放缓，其中增长最低年份（1985 年）增长速度接近-10%，增长最高年份（1983 年）增长速度超过 22%。全要素生产率增长率波动剧烈，40 年内有 1 年为负值，最大值为 20%，最小值为-11.6%。总体来看，1978—2017 年西藏自治区全要素生产率增长率对经济增长的贡献率为 54%，相对比较高。分时段来看，1978—1987 年西藏自治区全要素生产率增长率对经济增长的贡献率为 74.8%，1988—1997 年最高，为 77.9%，1998—2007 年为 53.2%，2008—2017 年为 20.0%。

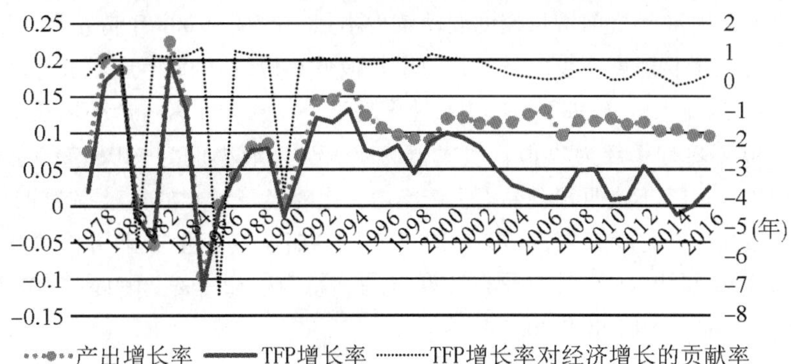

图 3-23　西藏自治区各年经济增长核算

表 3-23　西藏自治区分时段经济增长核算　　单位:%

时间区间	产出增长率	TFP 增长率	TFP 增长率对经济增长的贡献率
1978—1987 年	7.0	5.3	7.0
1988—1997 年	9.5	7.4	9.5
1998—2007 年	11.2	5.9	11.2
2008—2017 年	10.7	2.1	10.7
1978—2017 年	9.7	5.2	9.7

（八）陕西省

陕西省面积 205 600 平方千米。截至 2018 年末，陕西省常住人口 3 864.40 万人。据《陕西省 2018 年国民经济和社会发展统计公报》初步核算，陕西省全年实现地区生产总值 24 438.32 亿元，占全国 GDP 比重的 2.7%，按可比价格计算，比 2017 年增长 8.3%。其中，第一产业增加值 1 830.19 亿元，增长 3.2%；第二产业增加值 12 157.48 亿元，增长 8.7%；第三产业增加值 10 450.65亿元，增长 8.8%。三次产业结构由 2017 年的 7.9∶49.8∶42.3 变化为 7.5∶49.7∶42.8。按常住人口计算，陕西省人均地区生产总值为 63 477 元，在 31 个省（区、市）中排名第 12 位。

陕西省各年与分时段经济增长核算结果见图 3-24 和表 3-24。改革开放 40 年（1978—2017 年）来，陕西省地区生产总值增长较快，但是波动性较大，相对来说，1994 年之前增长速度波动较为剧烈，1994—2008 年持续高速增长，2008 年之后增长速度逐步放缓，其中增长最低年份（1988 年）增长速度超过 3%，增长最高年份（1987 年）增长速度超过 19%。全要素生产率增长率波动剧烈，40 年内有 4 年为负值，最大值为 17.3%，最小值为-10.5%。总体来看，1978—2017 年陕西省全要素生产率增长率对经济增长的贡献率为 43.7%，相对比较高。分时段来看，1978—1987 年陕西省全要素生产率增长率对经济增长的贡献率为 41.5%，1988—1997 年最高，为 52.1%，1998—2007 年为 45.9%，2008—2017 年为 36.2%。

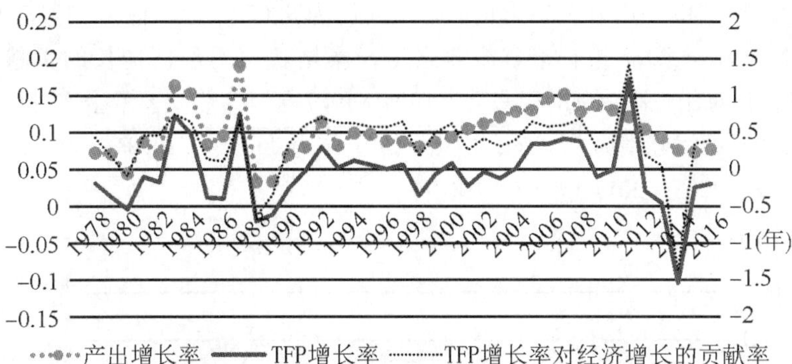

图 3-24 陕西省各年经济增长核算

表 3-24 陕西省分时段经济增长核算 单位:%

时间区间	产出增长率	TFP 增长率	TFP 增长率对经济增长的贡献率
1978—1987 年	9. 3	3. 8	41. 5
1988—1997 年	8. 8	4. 6	52. 1
1998—2007 年	10. 9	5. 0	45. 9
2008—2017 年	10. 9	3. 9	36. 2
1978—2017 年	10. 0	4. 3	43. 7

（九）甘肃省

甘肃省面积 425 900 平方千米，截至 2018 年末，常住人口 2 637. 26 万人。据《甘肃省 2018 年国民经济和社会发展统计公报》初步核算，甘肃省全年实现地区生产总值 8 246. 1 亿元，占全国 GDP 比重的 0. 9%，按可比价格计算，比 2017 年增长 6. 3%。其中，第一产业增加值 921. 3 亿元，增长 5. 0%；第二产业增加值 2 794. 7 亿元，增长 3. 8%；第三产业增加值 4 530. 1 亿元，增长 8. 4%。三次产业结构由 2017 年的 13. 8 ∶ 33. 4 ∶ 52. 8 变化为 11. 2 ∶ 33. 9 ∶ 54. 9。按常住人口计算，甘肃省人均地区生产总值为 31 336 元，在 31 个省（区、市）中排名第 31 位。

甘肃省各年与分时段经济增长核算结果见图 3-25 和表 3-25。改革开放 40 年（1978—2017 年）来，甘肃省地区生产总值增长较快，但是波动性较大，相对来说，1992 年之前增长速度波动较为剧烈，1992—2012 年持续高速增长，2012 年之后增长速度逐步放缓，其中增长最低年份（1980 年）增长速度接近 -9%，增长最高年份（1982 年）增长速度接近 14%。全要素生产率增长率波动较为剧烈，40 年内有 5 年为负值，最大值为 9.6%，最小值为-12.8%。总体来看，1978—2017 年甘肃省全要素生产率增长率对经济增长的贡献率为 46.7%，相对比较高。分时段来看，1978—1987 年甘肃省全要素生产率增长率对经济增长的贡献率为 28.3%，1988—1997 年为 46.3%，1998—2007 年最高，为 56.2%，2008—2017 年为 50.4%。

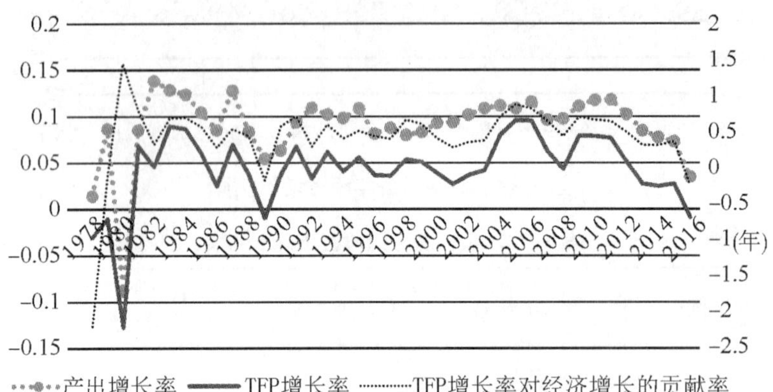

图 3-25　甘肃省各年经济增长核算

表 3-25　甘肃省分时段经济增长核算　　单位:%

时间区间	产出增长率	TFP 增长率	TFP 增长率对经济增长的贡献率
1978—1987 年	7.3	2.1	28.3
1988—1997 年	9.2	4.3	46.3
1998—2007 年	9.9	5.5	56.2
2008—2017 年	9.1	4.6	50.4
1978—2017 年	8.9	4.2	46.7

（十）青海省

青海省总面积 722 300 平方千米，截至 2018 年末，常住人口 603.23 万人。据《青海省 2018 年国民经济和社会发展统计公报》初步核算，青海省全年实现地区生产总值 2 865.23 亿元，占全国 GDP 比重的 0.3%，按可比价格计算，比 2017 年增长 7.2%。其中，第一产业增加值 268.10 亿元，增长 4.5%；第二产业增加值 1 247.06 亿元，增长 7.8%；第三产业增加值 1 350.07 亿元，增长 6.9%。三次产业结构由 2017 年的 9.0 : 44.7 : 46.3 变化为 9.4 : 43.5 : 47.1。按常住人口计算，青海省人均地区生产总值为 47 689 元，在 31 个省（区、市）

中排名第23位。

青海省各年与分时段经济增长核算结果见图3-26和表3-26。改革开放40年（1978—2017年）来，青海省地区生产总值增长较快，但是波动性较大，相对来说，1989年之前增长速度波动较为剧烈，1989—2010年持续高速增长，2010年之后增长速度逐步放缓，其中增长最低年份（1978年）增长速度接近-10%，增长最高年份（1979年）增长速度超过16%。全要素生产率增长率波动较为剧烈，40年内有7年为负值，最大值为10.4%，最小值为-16.1%。总体来看，1978—2017年青海省全要素生产率增长率对经济增长的贡献率为35.3%，相对比较高。分时段来看，1978—1987年青海省全要素生产率增长率对经济增长的贡献率为31.8%，1988—1997年为29.9%，1998—2007年最高，为47.5%，2008—2017年为28.1%。

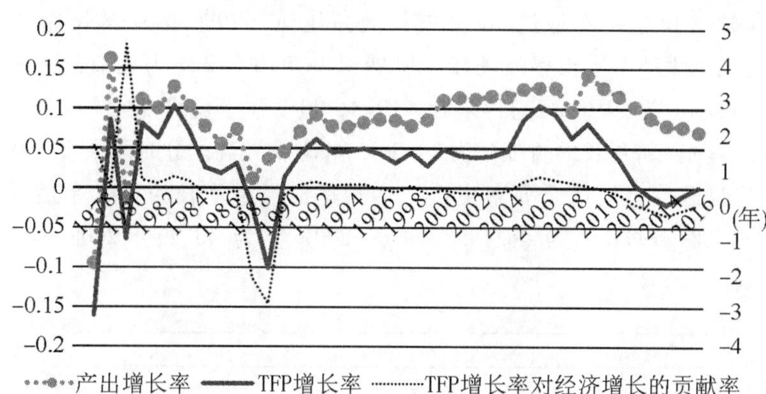

图3-26　青海省各年经济增长核算

表3-26　青海省分时段经济增长核算　　单位:%

时间区间	产出增长率	TFP 增长率	TFP 增长率对经济增长的贡献率
1978—1987年	6.7	2.1	31.8
1988—1997年	6.5	2.0	29.9
1998—2007年	10.7	5.1	47.5
2008—2017年	10.2	2.9	28.1
1978—2017年	8.6	3.0	35.3

（十一）宁夏回族自治区

宁夏回族自治区面积66 400平方千米，截至2018年末，常住人口688.11

万人。据《宁夏回族自治区2018年国民经济和社会发展统计公报》初步核算，宁夏回族自治区全年实现地区生产总值3 705.18亿元，占全国GDP比重的0.4%，按可比价格计算，比2017年增长7.0%。其中，第一产业增加值279.85亿元，增长4.0%；第二产业增加值1 650.26亿元，增长6.8%；第三产业增加值1 775.07亿元，增长7.7%。三次产业结构由2017年的7.6∶45.8∶46.6变化为7.6∶44.5∶47.9。按常住人口计算，宁夏回族自治区人均地区生产总值为54 094元，在31个省（区、市）中排名第15位。

宁夏回族自治区各年与分时段经济增长核算结果见图3-27和表3-27。改革开放40年（1978—2017年）来，宁夏回族自治区地区生产总值增长较快，但是波动性较大，相对来说，1997年之前增长速度波动较为剧烈，1997—2010年持续高速增长，2010年之后增长速度逐步放缓，其中增长最低年份（1980年）增长速度不超过2%，增长最高年份（1995年）增长速度超过16%。全要素生产率增长率波动较为剧烈，40年内有2年为负值，最大值为12.8%，最小值为-0.6%。总体来看，1978—2017年宁夏回族自治区全要素生产率增长率对经济增长的贡献率为39.5%，相对比较高。分时段来看，1978—1987年宁夏回族自治区全要素生产率增长率对经济增长的贡献率最高，为49.8%，1988—1997年为48.1%，1998—2007年为40.9%，2008—2017年为22.1%。

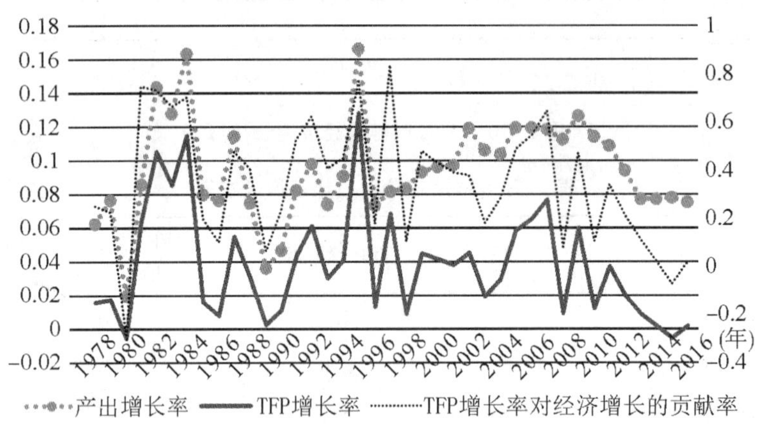

图3-27 宁夏回族自治区各年经济增长核算

表 3-27　宁夏回族自治区分时段经济增长核算　　单位:%

时间区间	产出增长率	TFP 增长率	TFP 增长率对经济增长的贡献率
1978—1987 年	9.2	4.6	49.8
1988—1997 年	8.5	4.1	48.1
1998—2007 年	10.2	4.2	40.9
2008—2017 年	9.8	2.2	22.1
1978—2017 年	9.4	3.7	39.5

（十二）新疆维吾尔自治区

新疆维吾尔自治区是中国陆地面积最大的省级行政区，面积 1 660 000 平方千米，占中国国土总面积的 1/6，在历史上是古丝绸之路的重要通道，现在是第二座“亚欧大陆桥”的必经之地。截至 2018 年末，新疆维吾尔自治区常住人口 2 486.76 万人。据《新疆维吾尔自治区 2018 年国民经济和社会发展统计公报》初步核算，新疆维吾尔自治区全年实现地区生产总值 12 199.08 亿元，占全国 GDP 比重的 1.3%，按可比价格计算，比 2017 年增长 6.1%。其中，第一产业增加值 1 692.09 亿元，增长 4.7%；第二产业增加值 4 922.97 亿元，增长 4.2%；第三产业增加值 5 584.02 亿元，增长 8.0%。三次产业结构由 2017 年的 15.5∶39.3∶45.2 变化为 13.9∶40.3∶45.8。按常住人口计算，新疆维吾尔自治区人均地区生产总值为 49 475 元，在 31 个省（区、市）中排名第 19 位。

新疆维吾尔自治区各年与分时段经济增长核算结果见图 3-28 和表 3-28。改革开放 40 年（1978—2017 年）来，新疆维吾尔自治区地区生产总值增长较快，但是波动性较大，相对来说，1979—2017 年增长速度波动较为剧烈，除 1980 年、1988 年、1995 年、1997 年、1998 年、2008 年、2016 年、2017 年增长较慢外，其余年份均在高速增长，其中增长最低年份（1988 年）增长速度不超过 6%，增长最高年份（1984 年）增长速度超过 15%。全要素生产率增长率波动较为平缓，40 年内有 3 年为负值，最大值为 10.6%，最小值为-1.4%。总体来看，1978—2017 年新疆维吾尔自治区全要素生产率增长率对经济增长的贡献率为 40.3%，相对较高。分时段来看，1978—1987 年新疆维吾尔自治区全要素生产率增长率对经济增长的贡献率最高，为 56.4%，1988—1997 年为 43.0%，1998—2007 年为 43.2%，2008—2017 年为 18.5%。

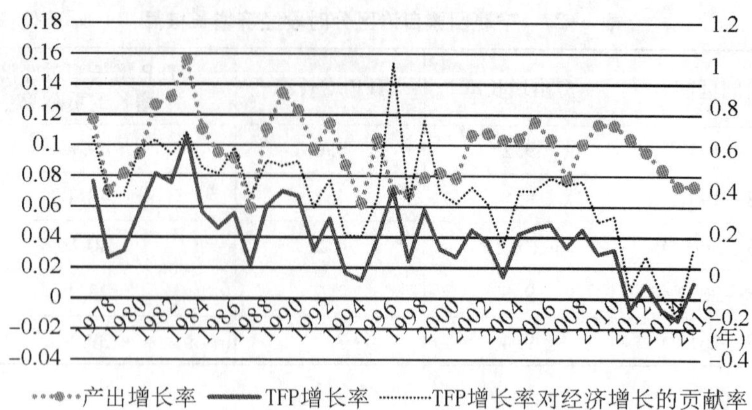

图 3-28　新疆维吾尔自治区各年经济增长核算

表 3-28　新疆维吾尔自治区分时段经济增长核算　　单位:%

时间区间	产出增长率	TFP 增长率	TFP 增长率对经济增长的贡献率
1978—1987 年	10. 9	6. 1	56. 4
1988—1997 年	9. 8	4. 2	43. 0
1998—2007 年	9. 1	4. 0	43. 2
2008—2017 年	9. 4	1. 7	18. 5
1978—2017 年	9. 8	3. 9	40. 3

四、东北地区

（一）辽宁省

辽宁省面积 148 000 平方千米，截至 2018 年末，辽宁省常住人口 4 359. 3 万人。据《辽宁省 2018 年国民经济和社会发展统计公报》初步核算，辽宁省全年实现地区生产总值 25 315. 4 亿元，占全国 GDP 比重的 2. 8%，按可比价格计算，比 2017 年增长 5. 7%。其中，第一产业增加值 2 033. 3 亿元，增长 3. 1%；第二产业增加值 10 025. 1 亿元，增长 7. 4%；第三产业增加值 13 257. 0 亿元，增长 4. 8%。三次产业结构由 2017 年的 9. 1 ∶ 39. 3 ∶ 51. 6 变化为 8. 0 ∶ 39. 6 ∶ 52. 4。按常住人口计算，辽宁省人均地区生产总值为 58 008 元，在 31 个省（区、市）中排名第 13 位。

辽宁省各年与分时段经济增长核算结果见图 3-29 和表 3-29。改革开放 40 年（1978—2017 年）来，辽宁省地区生产总值增长较快，但是波动性较大，相对来说，1987 年之前增长速度波动较为剧烈，1987—1994 年持续高速增长，1994 年之后增长速度逐步放缓，其中增长最低年份（2015 年）增长速度接近-3%，增长最高年份（1983 年）增长速度超过 15%。全要素生产率增长率波动较为剧烈，40 年内有 5 年为负值，最大值为 11%，最小值为-4.6%。总体来看，1978—2017 年辽宁省全要素生产率增长率对经济增长的贡献率为 40%，相对较高。分时段来看，1978—1987 年辽宁省全要素生产率增长率对经济增长的贡献率为 41.3%，1988—1997 年为 34.1%，1998—2007 年最高，为 51.9%，2008—2017 年为 29.0%。

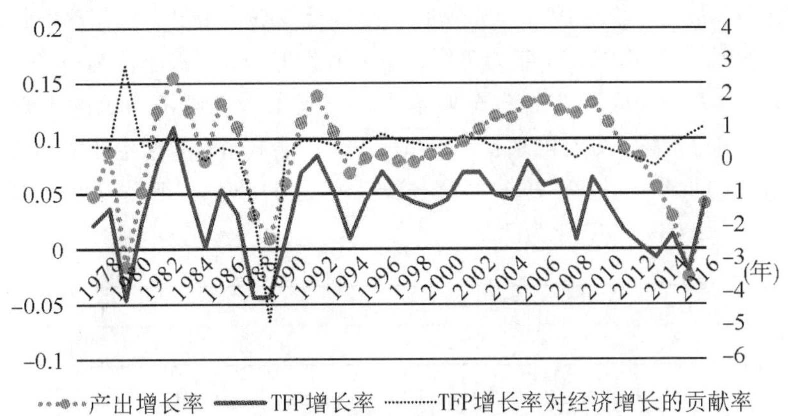

图 3-29　辽宁省各年经济增长核算

表 3-29　辽宁省分时段经济增长核算　　　单位:%

时间区间	产出增长率	TFP 增长率	TFP 增长率对经济增长的贡献率
1978—1987 年	8.6	3.6	41.3
1988—1997 年	8.0	2.7	34.1
1998—2007 年	10.4	5.4	51.9
2008—2017 年	7.6	2.2	29.0
1978—2017 年	8.7	3.5	40.0

（二）吉林省

吉林省面积 187 400 平方千米，截至 2018 年末，常住人口 2 704.06 万人。据《吉林省 2018 年国民经济和社会发展统计公报》初步核算，吉林省全年实现地区生产总值 15 074.62 亿元，占全国 GDP 比重的 1.7%，按可比价格计算，比 2017 年增长 4.5%。其中，第一产业增加值 1 160.75 亿元，增长 2.0%；第二产业增加值 6 410. 85 亿元，增长 4. 0%；第三产业增加值 7 503. 02 亿元，增长 5. 5%。三次产业结构由 2017 年的 9. 3 : 45. 9 : 44. 8 变化为 7. 7 : 42. 5 : 49. 8。按常住人口计算，吉林省人均地区生产总值为 55 611 元，在 31 个省（区、市）中排名第 14 位。

吉林省各年与分时段经济增长核算结果见图 3-30 和表 3-30。改革开放 40 年（1978—2017 年）来，吉林省地区生产总值增长较快，但是波动性较大，相对来说，1997 年之前增长速度波动较为剧烈，1997—2007 年持续高速增长，2007 年之后增长速度逐步放缓，其中增长最低年份（1988 年）增长速度超过 -2%，增长最高年份（1982 年）增长速度接近 20%。全要素生产率增长率波动极为剧烈，40 年内有 11 年为负值，最大值为 17. 1%，最小值为-9. 3%。总体来看，1978—2017 年吉林省全要素生产率增长率对经济增长的贡献率为 35. 5%，相对较高。分时段来看，1978—1987 年吉林省全要素生产率增长率对经济增长的贡献率为 28. 9%，1988—1997 年为 44. 6%，1998—2007 年最高，为 60. 1%，2008—2017 年为 7. 5%。

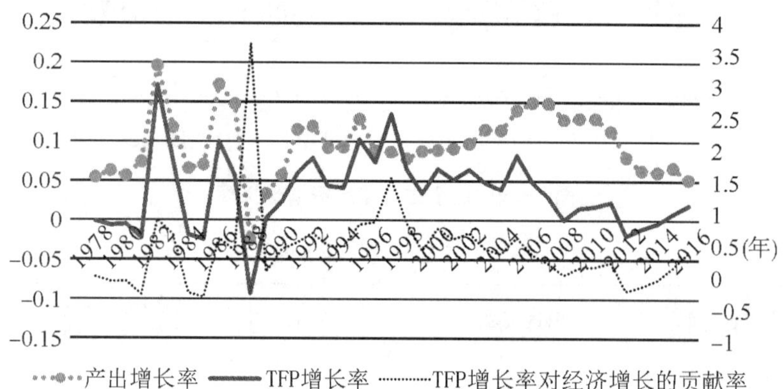

图 3-30　吉林省各年经济增长核算

表 3-30　吉林省分时段经济增长核算　　单位:%

时间区间	产出增长率	TFP 增长率	TFP 增长率对经济增长的贡献率
1978—1987 年	9. 6	2. 8	28. 9
1988—1997 年	8. 4	3. 7	44. 6
1998—2007 年	10. 5	6. 3	60. 1
2008—2017 年	9. 6	0. 7	7. 5
1978—2017 年	9. 5	3. 4	35. 5

（三）黑龙江省

黑龙江省面积 473 000 平方千米，截至 2018 年末，常住人口 3 773. 1 万人。据《黑龙江省 2018 年国民经济和社会发展统计公报》初步核算，黑龙江省全年实现地区生产总值 16 361. 6 亿元，占全国 GDP 比重的 1. 8%，按可比价格计算，比 2017 年增长 4. 7%。其中，第一产业增加值 3 001. 0 亿元，增长 3. 7%；第二产业增加值 4 030. 9 亿元，增长 2. 1%；第三产业增加值 9 329. 7 亿元，增长 6. 4%。三次产业结构由 2017 年的 18. 3 ∶ 26. 5 ∶ 55. 2 变化为 18. 3 ∶ 24. 6 ∶ 57. 1。按常住人口计算，黑龙江省人均地区生产总值为 43 274 元，在 31 个省（区、市）中排名第 27 位。

黑龙江省各年与分时段经济增长核算结果见图 3-31 和表 3-31。改革开放 40 年（1978—2017 年）来，黑龙江省地区生产总值增长较快，但是波动性较大，相对来说，1989 年之前增长速度波动较为剧烈，1989—2010 年持续高速增长，2010 年之后增长速度逐步放缓，其中增长最低年份（1978 年）增长速度不到 3%，增长最高年份（2009 年）增长速度接近 12%。全要素生产率增长率波动较为剧烈，40 年内有 9 年为负值，最大值为 6. 3%，最小值为-3. 6%。总体来看，1978—2017 年黑龙江省全要素生产率增长率对经济增长的贡献率为 25. 8%，相对较高。分时段来看，1978—1987 年黑龙江省全要素生产率增长率对经济增长的贡献率为-8. 5%，1988—1997 年最高，为 46. 2%，1998—2007 年为 44. 9%，2008—2017 年为 10. 5%。

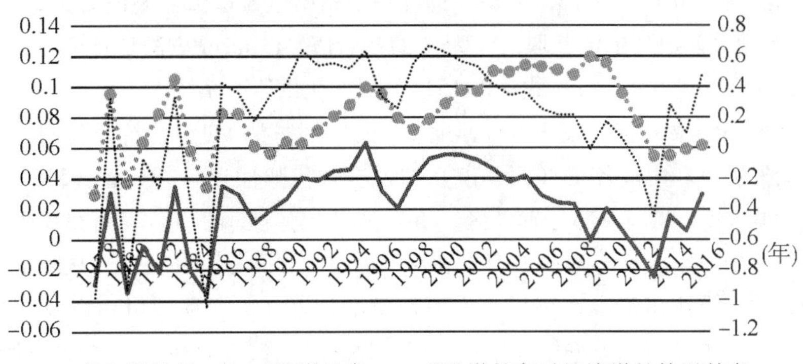

图 3-31　黑龙江省各年经济增长核算

表 3-31 黑龙江省分时段经济增长核算 单位:%

时间区间	产出增长率	TFP 增长率	TFP 增长率对经济增长的贡献率
1978—1987 年	6.5	-0.6	-8.5
1988—1997 年	7.6	3.5	46.2
1998—2007 年	9.6	4.3	44.9
2008—2017 年	8.5	0.9	10.5
1978—2017 年	8.1	2.1	25.8

第三节 技术进步方向比较及其结构性影响因素分析

在本节中我们将计算出各省（区、市）技术进步方向，并分析经济社会结构性因素对技术进步方向的影响。

一、替代弹性与平均技术进步偏向

参数的初始值设定为：$\xi = 1$，$\gamma_K = 0.001$，$\gamma_L = 0.002$。对于最为重要的参数——资本-劳动替代弹性的初始值，考虑到我国经济的发展状况，将其设置为$\sigma(0) \in (0.02 : 0.05 : 3.2)$，即在一个初始值为 0.02、终值为 3.2、公差为 0.05 的等差数列中依此取值作为 σ 的初始值，以 nlsur 方法估计第二章中的式（2-13）、式（2-14）、式（2-15）的标准化供给面系统。

从回归结果来看（表 3-32），规模 ξ 的值都非常接近 1，符合我们的预期（期望值为 1）。中国各省（区、市）的要素替代弹性在 0.731 至 1.535 之间，均值为 0.895。我国大部分省（区、市）的替代弹性小于 1，表明在我国经济发展过程中，绝大部分地区的资本和劳动力要素之间是互补关系。从要素效率来看，除了重庆市资本效率增长率估计值不显著（p 值为 0.14）以及宁夏回族自治区资本和劳动效率增长率估计值不显著且系数较大外，大多数估计值显著且与前期文献基本结论相符。大部分地区相对效率增长率为负（表 3-32 中倒数第二列），表明劳动效率增长率快于资本增长率。大部分地区平均技术进步偏向为正（表 3-32 最后一列），并且表现为资本偏向。这与现有大部分研究结论是基本一致的（钟世川，2014；戴天仕、徐现祥，2010；陈晓玲、连玉君，2012）。

表 3-32　回归结果与平均技术进步偏向指数（1978—2017 年）

省（区、市）	ξ	σ	α	γ_K	γ_L	$\gamma_K-\gamma_L$	*Bias*
北京	1.078***	0.787***	0.517***	0.037 9***	0.009 31***	0.028 59	-0.008
天津	0.995***	1.282***	0.572***	-0.034 7***	0.125***	-0.159 7	-0.035
河北	0.991***	1.017***	0.408***	-0.063 3	0.123**	-0.186 3	-0.003
山西	0.994***	0.757***	0.478***	-0.029 3***	0.097 6***	-0.126 9	0.041
内蒙古	0.952***	1.041***	0.439***	0.127***	-0.022 1	0.149 1	0.006
辽宁	1.037***	0.899***	0.502***	0.061 1***	0.014 5**	0.046 6	-0.005
吉林	1.067***	0.882***	0.435***	-0.092 8***	0.138***	-0.230 8	0.031
黑龙江	1.029***	0.756***	0.481***	-0.035 7***	0.089 3***	-0.125	0.040
上海	1.034***	0.811***	0.585***	0.029 3***	0.018 5***	0.010 8	-0.003
江苏	1.025***	0.910***	0.468***	-0.067 6***	0.149***	-0.216 6	0.021
浙江	1.153***	0.972***	0.448***	-0.351***	0.341***	-0.692	0.020
安徽	1.039***	0.731***	0.373***	-0.055 5***	0.107***	-0.162 5	0.060
福建	1.073***	0.922***	0.364***	-0.171***	0.180***	-0.351	0.030
江西	1.074***	0.760***	0.372***	-0.060 4***	0.117***	-0.177 4	0.056
山东	1.020***	0.840***	0.459***	-0.048 4***	0.122***	-0.170 4	0.032
河南	1.024***	0.852***	0.387***	-0.083 1***	0.121***	-0.204 1	0.035
湖南	1.058***	0.818***	0.343***	-0.074 4***	0.113***	-0.187 4	0.042
湖北	1.038***	0.912***	0.413***	-0.061 4***	0.120***	-0.181 4	0.018
广东	1.078***	0.889***	0.394***	-0.117***	0.170***	-0.287	0.036
广西	1.014***	0.857***	0.328***	-0.068 6***	0.107***	-0.175 6	0.029
海南	1.038***	0.921***	0.334***	-0.149***	0.151***	-0.3	0.026
重庆	0.983***	1.080***	0.451***	0.010 7	0.075 4***	-0.064 7	-0.005
四川	0.986***	1.535***	0.379***	-0.004 43	0.073 2***	-0.077 6	-0.027
贵州	1.038***	0.912***	0.332***	-0.047 6***	0.099 3***	-0.146 9	0.014
云南	0.993***	0.724***	0.373***	-0.025 1***	0.082 8***	-0.107 9	0.041
西藏	1.048***	0.498***	0.098 2***	-0.111***	0.087 3***	-0.198 3	0.200
陕西	1.070***	0.793***	0.413***	-0.057 6***	0.125***	-0.182 6	0.048
甘肃	1.021***	0.820***	0.386***	-0.031 4***	0.103***	-0.134 4	0.030
青海	1.079***	0.850***	0.379***	-0.081 4***	0.114***	-0.195 4	0.034

表3-32(续)

省(区、市)	ξ	σ	α	γ_K	γ_L	$\gamma_K - \gamma_L$	*Bias*
宁夏	1.033***	0.998***	0.401***	-0.589	0.465	-1.054	0.002
新疆	1.062***	0.921***	0.332***	-0.165***	0.149***	-0.314	0.027

注:

(1) *** 表示在1%以上水平上显著, ** 表示在5%水平上显著, * 表示在10%水平上显著;

(2) ξ 为表示规模系数的规模因子, σ 为资本-劳动替代弹性, γ_K 表示样本期间资本生产效率的平均增长率, γ_L 表示样本期间劳动生产效率的平均增长率, $\gamma_K - \gamma_L$ 表示样本期间的相对要素效率增长率, D 表示样本期间平均的技术进步偏向指数。

各省(区、市)技术进步偏向差异较大,31 个省(区、市)中有 7 个技术进步偏向指数为负,其余 24 个为正。技术偏向指数为正表明技术进步是偏向于资本的。平均技术进步偏向与平均第一产业就业占比关系见图 3-32。第一产业就业占比正向度量了二元经济结构的严重程度,其数值越大,二元经济结构问题越突出。从图 3-32 中可以看出,两者正相关(a 图),相关系数为 0.418 1,p 值为0.019 2;如果不包括平均技术进步偏向异常大的西藏自治区(b 图),则相关系数为 0.436 5,p 值为 0.015 9。两者正相关性初步表明,第一产业就业占比越高,技术进步越偏向资本,即二元经济结构程度与技术进步偏向指数正相关。

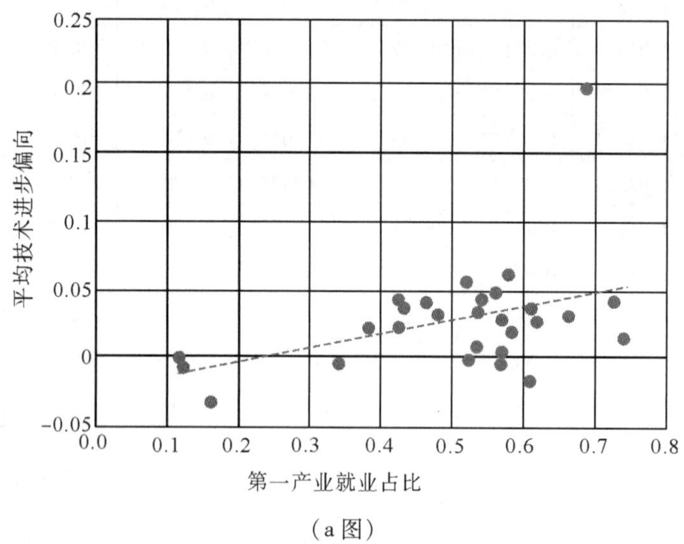

(a 图)

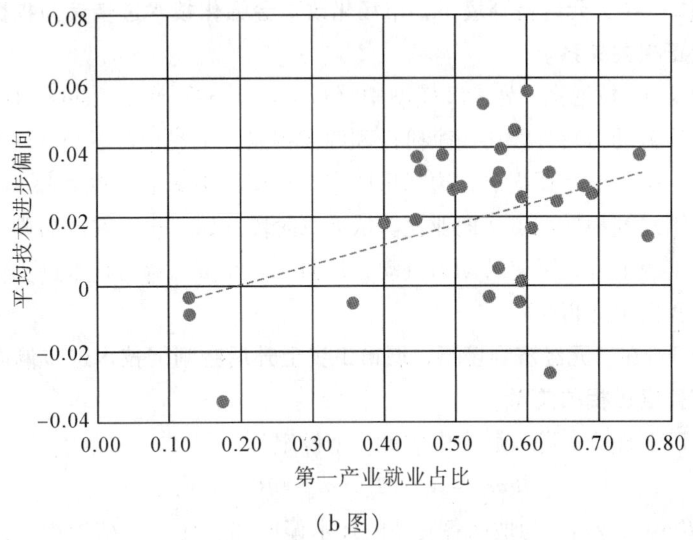

图 3-32 平均第一产业就业占比与技术进步偏向（b 图中不包括西藏自治区）

二、二元经济结构与技术进步偏向的有关理论命题

第二章第一节的表 2-1 概括了 Acemoglu 对技术进步偏向来源的理论洞见，然而，Acemoglu 的理论并没有结合发展中国家的独特国情。根据 Acemoglu 的理论，资本深化导致劳动要素相对稀缺，从而劳动要素相对价格上升，这是相对价格效应发挥作用的基础。但是，经典发展经济学理论（Lewis，1954）以及中国发展的现实（蔡昉，2005）表明，在发展的早期阶段，存在大量可供利用的剩余劳动力，劳动供给几乎是无限的，城市劳动力市场工资不变。因此，二元经济的资本深化并不会带来工资的上升，从而削弱了价格效应的影响。进一步来看，在资本深化程度相同的情况下，二元经济程度越严重的地区，剩余劳动力相对越多，市场规模效应导致技术进步提高了更为丰裕的劳动力的相对效率，替代弹性小于 1，从而技术进步更加偏向资本。我们由此得到：

命题 1：技术进步资本偏向指数与二元经济程度正相关。

在二元经济环境下，如果对劳动力城乡流动的限制越多，农村剩余劳动力越难以转移到城市，经济体中实际可供利用的劳动力越少，因此二元经济结构对技术进步偏向的影响受到限制；反之，要素城乡流动市场化程度越高，二元经济结构对技术进步偏向的影响越明显。我们由此得到：

命题 2：在二元经济环境下，市场化改革会强化技术进步偏向指数与二元经济程度正相关关系。

在刘易斯-拉尼斯-费景汉模型中（Lewis，1954；Fei、Ranis，1964），发展中经济体劳动力转移经历三个阶段和两个拐点：工资相对不变条件下的无限劳动供给、第一刘易斯拐点、边际生产率大于零但小于不变制度工资的劳动力的流出、第二刘易斯拐点、商业化。从第二阶段开始，出现农产品剩余，工业部门相对工资上升，阻碍劳动力流动，从而二元经济结构对技术进步偏向的影响减弱。我们由此得到：

命题 3：在二元经济环境下，城市工资上升后会削弱技术进步偏向指数与二元经济程度正相关关系。

基于以上理论命题，后文中实证模型设定为：

$$Bias_{it} = \alpha_i + \beta_0 Dual_{it} + \beta X_{it} + \varepsilon_{it} \tag{3-2}$$

上式中，$Bias_{it}$、$Dual_{it}$ 为地区各时期的技术偏向和二元经济结构指标，X_{it} 为控制变量。二元经济结构程度分别用第一产业就业占比、二元对比系数或二元反差系数来度量。第一产业就业占比是度量二元经济结构的简单指标，与二元经济结构程度同方向变化。二元经济对比系数度量的是第一产业与非第一产业劳动生产率之比，与二元经济结构程度反方向变化，数值越小，二元经济结构程度越严重。二元反差系数度量的是第二产业、第三产业或非农业产值比重与劳动力比重之差的绝对值，与二元经济结构严重程度同方向变化。基于前期文献，控制变量包括劳均资本存量增长率（dlnk）、政府支出增长率（dlngov）、进出口增长率（dlntrade）。

三、实证估计基本结果

根据前述替代弹性和第二章式（2-17）与式（2-18）计算出各地区每一年技术进步偏向，由此形成一个大 T 小 N 的长面板数据集，各变量平稳性检验结果见表 3-33。检验结果表明拒绝原假设，即变量的检验结果均是平稳的。

表 3-33　相关变量的面板单位根检验

变量	Bias	Dual	dlntrade	dlngov	dlkn
LLC 检验	-18.378 5	-2.325 7	-11.143 6	-9.427	-6.911 3
	(0.000)	(0.010)	(0.000)	(0.000)	(0.000)
Breitung 检验	-14.912 8	-3.519 6	-10.363 5	-8.303 6	-4.717 9
	(0.000)	(0.000 2)	(0.000)	(0.000)	(0.000)

由于解释变量中含有被解释变量的滞后项，所以本节的模型为动态面板数据（DPD）。考虑到技术进步偏向可能会对资本、劳动收入份额产生影响并反作用于城乡二元经济结构，导致基于双向因果的内生性问题，对本章式（3-2）采用系统 GMM 方法进行估计。为解决可能产生的弱工具变量问题，对解释变量的滞后阶数进行了限制。具体见表 3-34。

表 3-34　城乡二元经济结构对技术进步偏向影响的实证研究

变量	模型 1	模型 2	模型 3	模型 4
Dual	-0.661*** (0.218)	-0.621*** (0.200)	-0.482*** (0.144)	-0.706*** (0.222)
dlnk	-0.161*** (0.052 0)		-0.229*** (0.069 1)	-0.158*** (0.058 0)
dlntrade	0.099 7*** (0.013 7)	0.103*** (0.010 7)		0.103*** (0.014 1)
dlngov	0.006 55 (0.019 8)	-0.005 81 (0.019 1)	0.015 8 (0.016 9)	
L. Bias	0.043 4*** (0.016 7)	0.041 6*** (0.008 31)	0.049 4*** (0.009 45)	0.041 9*** (0.009 68)
L2. Bias	-0.123*** (0.014 3)	-0.122*** (0.013 1)	-0.122*** (0.012 2)	-0.122*** (0.016 7)
Constant	0.169*** (0.051 0)	0.145*** (0.045 0)	0.152*** (0.036 9)	0.180*** (0.051 4)
AR（1）	(0.001 4)	(0.001 5)	(0.001 7)	(0.001 3)
AR（2）	(0.657 2)	(0.654 1)	(0.653 1)	(0.664 6)
Sargan 检验	29.205 28 (1.000)	29.060 15 (1.000)	28.416 05 (1.000)	29.532 84 (1.000)

注：*** 代表 $p<0.01$，** 代表 $p<0.05$，* 代表 $p<0.1$。AR（1）、AR（2）以及 Sargan 检验行括号中数据为 p 值，其余括号中数据为标准误差。

表 3-34 报告了不同控制变量下的回归估计结果。从回归的结果来看，不同的回归模型下二元对比系数对技术偏向的作用均显著且系数大小差异不大，为了与后文进行比较，本节以模型 1 作为基准回归结果。二元对比系数的回归系数为负值，由于二元对比系数与城乡二元经济结构状况改善程度呈反向变动，所以城乡二元经济结构与技术进步偏向指数同方向变动。这表明城乡二元经济结构程度越严重，那么技术进步偏向指数将会越大，技术进步越偏向于资本，这一结论与前文的理论推测一致。劳均资本存量增长率系数为-0.161，

表明劳均资本存量增长越快，技术越偏向于劳动。这是市场规模效应发挥主导性作用的结果，即劳均资本增长越快，资本越是相对丰裕，技术进步越是倾向于提高丰裕要素的相对效率增长率，替代弹性总体小于 1，技术进步越偏向于更为稀缺的劳动要素。对外贸易增长率的系数为正，表明对外贸易增长越快，技术进步越偏向于资本。这可能是对外贸易通过价格效应发挥作用的结果，即贸易促进了稀缺的劳动要素效率提高，在替代弹性大多小于 1 的情况下，技术进步更偏向资本要素。

四、稳健性分析

为检验前述基本回归结论的合理性，本节从两个方面进行稳健性分析。

第一，放松第二章式（2-12）效率增长率的设定，参照 Klump et al.（2007）、戴天仕和徐现祥（2010）的做法，对要素效率增长率进行 Box-Cox 转换：

$$A_t = A_0 e^{\bar{t}\gamma_K/\lambda_K((t/\bar{t})^{\lambda_K}-1)}, \quad B_t = B_0 e^{\bar{t}\gamma_K/\lambda_K((t/\bar{t})^{\lambda_K}-1)} \tag{3-3}$$

得到供给面系统为：

$$\log\left(\frac{r_t K_t}{Y_t}\right) = \log(\alpha) - \frac{\sigma-1}{\sigma}\log\left(\frac{Y_t/\bar{Y}}{K_t/\bar{K}}\right) + \frac{\sigma-1}{\sigma}log(\xi) + \frac{\sigma-1}{\sigma}\bar{t}\gamma_K/\lambda_K((t/\bar{t})^{\lambda_K} - 1) \tag{3-4}$$

$$\log\left(\frac{w_t L_t}{Y_t}\right) = \log(1-\alpha) - \frac{\sigma-1}{\sigma}\log\left(\frac{Y_t/\bar{Y}}{L_t/\bar{L}}\right) + \frac{\sigma-1}{\sigma}log(\xi) + \frac{\sigma-1}{\sigma}\bar{t}\gamma_L/\lambda_L((t/\bar{t})^{\lambda_L} - 1) \tag{3-5}$$

$$\log\left(\frac{Y_t}{\bar{Y}}\right) = \log(\xi) + \frac{\sigma-1}{\sigma}\log\left[\alpha\left(\exp^{\bar{t}\gamma_K/\lambda_K((t/\bar{t})^{\lambda_K}-1)}\left(\frac{K_t}{\bar{K}}\right)\right)^{\frac{\sigma-1}{\sigma}} + (1-\alpha)\left(\left(\exp^{\bar{t}\gamma_L/\lambda_L((t/\bar{t})^{\lambda_L}-1)}\left(\frac{L_t}{\bar{L}}\right)\right)^{\frac{\sigma-1}{\sigma}}\right)\right] \tag{3-6}$$

以 nlsur 方法估计式（3-4）至式（3-6）构成的标准化三方程供给面系统，估计出替代弹性，然后按照第二章式（2-17）与式（2-18）计算出各期偏向，最后对本章式（3-2）进行系统 GMM 估计，所得结果见表 3-35 第二列模型 2。

第二，以二元反差系数代替二元对比系数作为刻画二元经济程度的代理变量，以此为关键解释变量并对本章式（3-2）进行系统 GMM 估计，所得结果见表 3-35 模型 3 和模型 4，其中模型 3 中被解释变量是要素效率在这里按照第二章式（2-2）设定估计的结果，模型 4 中技术进步偏向是要素效率在这里按照本章式（3-3）设定估计的结果。

由于二元对比系数和二元反差系数对于二元经济结构度量的方向是相反的，即二元对比系数越小，二元反差系数越大，城乡经济二元性越强，故而二元对比系数和二元反差系数的符号相反。表 3-35 的稳健性回归结果表明，无论是被解释变量估计方式，还是改变解释变量的度量方式，二元经济结构程度都对技术进步偏向有显著的影响，且其影响系数均超过其他解释变量。

表 3-35　稳健性检验回归结果

变量	二元对比系数		二元反差系数	
	模型 1	模型 2	模型 3	模型 4
Dual	-0.661*** (0.218)	-0.528*** (0.203)	0.374* (0.193)	0.424* (0.227)
dlnk	-0.161*** (0.052 0)	-0.269*** (0.049 4)	0.039 8 (0.072 1)	-0.103* (0.060 3)
dlntrade	0.099 7*** (0.013 7)	0.097 2*** (0.011 7)	0.088 7*** (0.009 13)	0.077 8*** (0.011 2)
dlngov	0.006 55 (0.019 8)	0.020 7 (0.028 2)	0.058 6* (0.030 4)	0.046 0 (0.028 1)
L. Bias	0.043 4*** (0.016 7)	0.033 1*** (0.012 0)	0.045 8** (0.018 1)	0.047 8*** (0.013 3)
L2. Bias	-0.123*** (0.014 3)	-0.142*** (0.014 1)	-0.109*** (0.012 0)	-0.136*** (0.012 7)
Constant	0.169*** (0.051 0)	0.136*** (0.044 7)	-0.099 9* (0.053 9)	-0.108* (0.060 1)
AR（1）	(0.001 4)	(0.001 4)	(0.001 9)	(0.001 7)
AR（2）	(0.657 2)	(0.692 5)	(0.603 4)	(0.684 9)
Sargan 检验	29.205 (1.000)	29.736 (1.000)	29.568 (1.000)	28.520 (1.000)

注：

（1）*** 代表 p<0.01，** 代表 p<0.05，* 代表 p<0.1。

（2）模型 1 为表 3-34 中第一列基准回归，其他模型设定参照正文。

五、分时段回归与其他命题的检验

为检验前述命题 2 和命题 3，将样本期间划分为 1978—1992 年、1992—2004 年、2005—2017 年共 3 个时间段，估计标准化供给面系统计算技术进步偏向后进行相应的系统 GMM 估计，其估计结果如表 3-36 所示。

1992 年开始，我国市场化改革全面推进，党的十四大明确提出我国经济体制改革的目标是建立社会主义市场经济体制，强调要使市场在国家宏观调控下对资源配置起基础性作用，城乡二元分割的管理体制进一步松动，对劳动力流动的限制日益减少，农村劳动力开始大规模跨区域向城市尤其是沿海地区流动（蔡昉，2005、2011）。比较 1978—1992 年和 1993—2004 年两个时间段回归结果可以发现，尽管这两个时期二元经济结构对技术进步偏向的影响都是显著的，但是在后一时期系数更大，其作用效果更为明显。这说明市场化改革导致劳动力流动限制减少，加速农村剩余劳动力转移，使得整个经济隐蔽性失业减少，所利用的劳动力增多，强化了二元经济结构对技术进步偏向的影响，验证了命题 2 的结论。

自 2004 年开始，沿海地区出现民工荒，之后农民工工资大幅上扬（蔡昉，2005）。比较 2005—2017 年与其他两个时期的回归结果可以发现，在前两个时间段，二元经济结构都对技术进步偏向产生了显著影响，且影响越来越大，但是在后一时期，城乡二元经济结构对技术进步偏向没有显著影响。这一结论验证了命题 3 的论断，即城市部门工资上升会削弱技术进步偏向指数与二元经济程度正相关关系。其原因是随着城市工资的上升，在发展初期受到抑制的价格效应开始发挥主导性作用。具体见表 3-36。

表 3-36　分时段回归结果

变量	1978—1992 年	1993—2004 年	2005—2017 年
Dual	−0. 776*** （0. 108）	−1. 203*** （0. 152）	0. 109 （0. 177）
dlnk	0. 478*** （0. 037 7）	−1. 097*** （0. 177）	0. 051 1 （0. 109）
dlntrade	0. 094 3*** （0. 011 2）	0. 015 2 （0. 009 37）	0. 225*** （0. 018 4）
dlngov	0. 199*** （0. 019 3）	0. 137*** （0. 042 6）	−0. 277*** （0. 031 8）
L. Bias	−0. 263*** （0. 012 4）	0. 149*** （0. 050 3）	0. 001 19 （0. 012 0）

表3-36(续)

变量	1978—1992 年	1993—2004 年	2005—2017 年
L2. Bias	−0. 298 *** (0. 008 40)	−0. 191 *** (0. 028 5)	0. 076 4 *** (0. 008 92)
Constant	0. 153 *** (0. 031 4)	0. 411 *** (0. 047 3)	−0. 005 72 (0. 034 9)
AR（1）	(0. 033 7)	(0. 008 0)	(0. 000 9)
AR（2）	(0. 580 1)	(0. 625 5)	(0. 876 1)
Sargan 检验	28. 173 (1. 000)	25. 463 (1. 000)	30. 032 (1. 000)

注：

（1）表中 *** 代表 $p<0.01$，** 代表 $p<0.05$，* 代表 $p<0.1$。

（2）三个时段效率增长率均按照式（2-3）设定，以二元对比系数作为 dual 的代理变量。

第四章 省会城市和副省级城市技术进步速度与方向比较

第一节 城市与数据处理方法

一、省会城市和副省级城市

在行政区划意义上，省会（或首府）城市与副省级城市都属于地级行政区，但是省会（或首府）与副省级城市和其他地级行政区相比，其地位与功能方面都具有特别的意义。省会为省级行政中心，是省政府驻地，一般也是国家一级行政区——省的政治、经济、文化、科教和交通中心。各自治区的行政驻地通常称首府，在要求不严格的情况下有时也被称为省会。直辖市和特别行政区的行政中心并不称为省会或首府，一般直接称之为政府所在地、驻地或治所。本书所指省会是指除了北京、天津、上海和重庆四个直辖市以及香港、澳门等特别行政区外的其余大陆地区 27 个省会或首府。

副省级城市是中国行政架构为副省级建制的省辖市，其行政级别正式施行于 1994 年 2 月 25 日，其前身为计划单列市。副省级城市党政机关主要领导干部行政级别为省部级副职兼职。副省级城市的副省级是指行政级别而不是行政区划级别。将部分城市定为享受副省级权限，其主要目的是加快城市的经济与社会发展，更好地发挥中心城市的辐射作用。我国现有 15 座副省级城市，其中青岛、大连、宁波、厦门、深圳是计划单列市，其他均为省会城市，省会城市与副省级城市名单见表 4-1。15 个副省级城市中，8 个位于东部地区，4 个位于东北地区，西部地区 2 个，中部 6 省仅有武汉市是副省级城市。

表 4-1　省会城市与副省级城市列表

区域	省级区划	省会或首府	副省级城市	备注
东部地区	河北省	石家庄市		除 3 个直辖市外，东部 7 省共有 8 个副省级城市
	江苏省	南京市	南京市	
	浙江省	杭州市	杭州市、宁波市	
	福建省	福州市	厦门市	
	山东省	济南市	济南市、青岛市	
	广东省	广州市	广州市、深圳市	
	海南省	海口市		
中部地区	山西省	太原市		中部 6 省共有 1 个副省级城市
	安徽省	合肥市		
	江西省	南昌市		
	河南省	郑州市		
	湖北省	武汉市	武汉市	
	湖南省	长沙市		
西部地区	内蒙古自治区	呼和浩特市		除 1 个直辖市外，西部 11 个省、自治区共有 2 个副省级城市
	广西壮族自治区	南宁市		
	四川省	成都市	成都市	
	贵州省	贵阳市		
	云南省	昆明市		
	西藏自治区	拉萨市		
	陕西省	西安市	西安市	
	甘肃省	兰州市		
	青海省	西宁市		
	宁夏回族自治区	银川市		
	新疆维吾尔自治区	乌鲁木齐市		
东北地区	辽宁省	沈阳市	沈阳市、大连市	东北 3 省共有 4 个副省级城市
	吉林省	长春市	长春市	
	黑龙江省	哈尔滨市	哈尔滨市	

二、数据处理方法

在本书中，包括省会城市与副省级城市在内的地级行政区数据年限为1999—2017年，其中1999—2013年数据均来自相应年份的《中国区域统计年鉴》，其余年份数据来自各省（区、市）和地级行政区的相应统计年鉴。

在本书中，所需数据包括不变价产出（地区实际生产总值）、资本存量、劳动投入和劳动者报酬份额。不变价产出根据1999年各地区生产总值和随后年份地区生产总值增长速度或指数求得。资本存量仍然按照永续盘存法计算，但是初始资本存量（1999年期初资本存量）按照资本产出比为2.5和1999年地区生产总值估算，投资数据序列为各地区全社会固定资产投资，并以各省（自治区）投资价格指数折算成1999年不变价投资，然后再由投资序列转化为资本存量序列，基本方法与上一章相同。劳动投入以全社会从业人员表示，部分零星缺失全社会从业人员数据采取相邻年份均值方式补齐，青海省等的地级行政区全社会从业人员数据存在连续多年缺失，采取各省（自治区）全社会从业人员增长率代替各个地级行政区增长率进行推算。

对于行政区域发生了变更的地区，我们根据变更前的数据和区域更改情况进行了数据调整。以原地级城市巢湖市为例。2011年7月14日，经国务院批准，安徽省人民政府正式宣布撤销地级城市巢湖市，设立县级城市巢湖市，并对部分行政区划进行调整；撤销原地级城市巢湖市居巢区，设立县级城市巢湖市，以原居巢区的行政区域作为新设的县级城市巢湖市的行政区域；新设的县级城市巢湖市由安徽省直辖，合肥市代管；原地级城市巢湖市管辖的庐江县划归合肥市管辖、无为县划归芜湖市管辖、和县的沈巷镇划归芜湖市鸠江区管辖、含山县以及和县（不含沈巷镇）划归马鞍山市管辖。对此，我们根据原相应年份《巢湖市统计年鉴》和各县区统计年鉴，将2011年以及之前的原居巢区、庐江县数据划分给合肥市，含山县、和县（不含沈巷镇）划分给马鞍山市，无为县以及和县的沈巷镇划分给芜湖市。

本章后续两节将分别比较省会城市与副省级城市全要素生产率发展核算与增长核算结果。其中，发展核算中我们以成都市作为比较基准。由于省会城市与副省级城市同属于地级行政区，所以在排名比较时我们也给出了省会城市与副省级城市在总计332个地级行政区中的排名（332个地级行政区名单列表见下一章）。

第二节　技术进步速度比较

一、东部地区

（一）石家庄市

石家庄市是河北省省会，河北省的政治、经济、科技、金融、文化和信息中心，国务院批复确定的京津冀地区重要的中心城市之一。截至 2018 年末，全市下辖 8 个区、11 个县、代管 3 个县级市，总面积 14 464 平方千米，建成区面积 283.72 平方千米，常住人口 1 095.16 万人，城镇人口 691.7 万人，城镇化率 63.16%。《石家庄市 2018 年国民经济和社会发展统计公报》显示，2018 年石家庄市全年实现地区生产总值 6 082.6 亿元，按可比价格计算，比 2017 年增长 7.4%。其中，第一产业增加值 420.5 亿元，增长 3.2%，占当年地区生产总值的 6.9%；第二产业增加值 2 285.5 亿元，增长 4.8%，占当年地区生产总值的 37.6%；第三产业增加值 3 376.7 亿元，增长 10.2%，占当年地区生产总值的 55.5%。按常住人口计算，石家庄市人均地区生产总值为 55 723 元，比 2017 年增长 6.6%。

石家庄市各年与分时段经济增长核算结果见图 4-1 和表 4-2。1999 年以来，石家庄市地区生产总值增长较快，平均达到 10.6%，但是波动性较大，增长最高年份增长速度超过 14%，而增长最低年份增长速度低于 7%。全要素生产率增长率波动更为剧烈，19 年（1999—2017 年）间，其最低值为-0.7%，最高值为 9.5%。总体来看，1999—2017 年石家庄市全要素生产率增长率对经济增长的贡献率为 37.4%，属于较高水平。分时段来看，1999—2008 年全要素生产率增长率为 6.2%，对经济增长的贡献率为 52.7%；2009—2017 年全要素生产率增长率为 1.7%，对经济增长的贡献率为 18.5%；后一时段全要素生产率增长率大幅下滑且对经济增长的贡献率也大幅下滑。

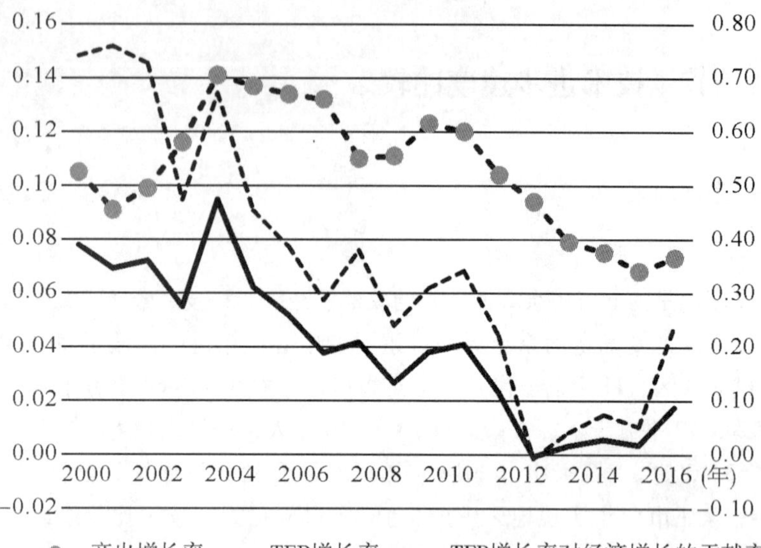

图 4-1 石家庄市各年经济增长核算

表 4-2 石家庄市分时段经济增长核算 单位:%

时间区间	产出增长率	TFP 增长率	TFP 增长率对经济增长的贡献率
1999—2008 年	11.8	6.2	52.7
2009—2017 年	9.4	1.7	18.5
1999—2017 年	10.6	4.0	37.4

（二）南京市

南京市是江苏省省会、副省级城市、南京都市圈核心城市，国务院批复确定的中国东部地区重要的中心城市、全国重要的科研教育基地和综合交通枢纽。截至 2018 年末，全市下辖 11 个区，总面积 6 587 平方千米，建成区面积 971.62 平方千米，常住人口 843.62 万人，城镇人口 695.99 万人，城镇化率 82.5%，是长江三角洲及华东地区唯一的特大城市。《南京市 2018 年国民经济和社会发展统计公报》显示，南京市全年实现地区生产总值 12 820.40 亿元，比 2017 年增长 8.0%。其中，第一产业增加值 273.42 亿元，增长 0.6%；第二产业增加值 4 721.61 亿元，增长 6.5%；第三产业增加值 7 825.37 亿元，增长 9.1%；三次产业增加值比例调整为 2.1∶36.9∶61.0。按常住人口计算，南京市人均地区生产总值为 152 886 元，按国家公布的 2018 年平均汇率折算为

23 104美元。

南京市各年与分时段经济增长核算结果见图 4-2 和表 4-3。1999 年以来，南京市地区生产总值增长较快，平均达到 12.3%，但是波动性较大，增长最高年份增长速度超过 17%，而增长最低年份增长速度也达到 8%。全要素生产率增长率波动更为剧烈，19 年（1999—2017 年）间，其最低值为-2.2%，最高值为 8.1%。总体来看，1999—2017 年南京市全要素生产率增长率对经济增长的贡献率为 26.3%，属于一般水平。分时段来看，1999—2008 年全要素生产率增长率为 5.0%，对经济增长的贡献率为 35.4%；2009—2017 年全要素生产率增长率为 1.5%，对经济增长的贡献率为 14.4%；后一时段全要素生产率增长率大幅下滑且对经济增长的贡献率也大幅下滑。

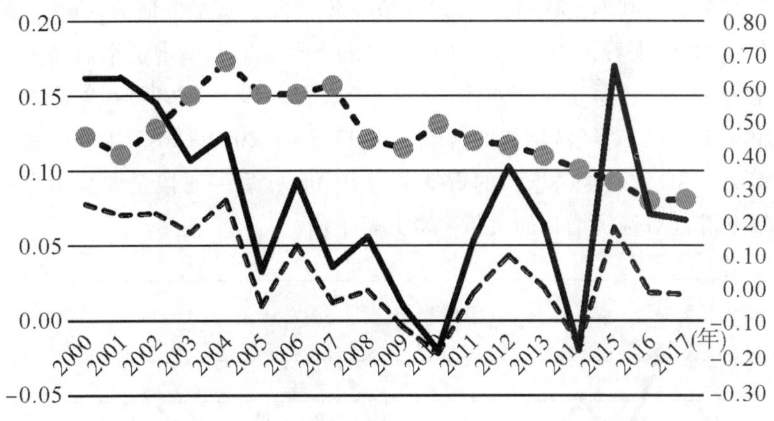

图 4-2　南京市各年经济增长核算

表 4-3　南京市分时段经济增长核算　　单位:%

时间区间	产出增长率	TFP 增长率	TFP 增长率对经济增长的贡献率
1999—2008 年	14.0	5.0	35.4
2009—2017 年	10.5	1.5	14.4
1999—2017 年	12.3	3.2	26.3

（三）杭州市

杭州市是浙江省省会、副省级城市，浙江省经济、文化、科教中心，国务院批复确定的长江三角洲中心城市之一。截至 2018 年末，全市下辖 10 个区、2 个县、代管 1 个县级市，总面积 16 853.57 平方千米，建成区面积 559.2 平方千米，常住人口980.6万人，城镇人口759.0万人，城镇化率77.4%。《杭州市2018年国民经济和社会发展统计公报》显示，杭州市全年实现地区生产总值13 509亿元，比2017年增长6.7%。其中，第一产业增加值306亿元，第二产业增加值4 572亿元，第三产业增加值8 632亿元，分别增长1.8%、5.8%和7.5%。三次产业结构由2017年的2.5：34.6：62.9调整为2.3：33.8：63.9。按常住人口计算，杭州市人均地区生产总值为140 180元，按国家公布的2018年平均汇率折算为21 184美元。

杭州市各年与分时段经济增长核算结果见图4-3和表4-4。1999年以来，杭州市地区生产总值增长较快，平均达到11.4%，但是波动性较大，增长最高年份增长速度超过15%，而增长最低年份增长速度也达到8%。全要素生产率增长率波动更为剧烈，19年（1999—2017年）间，其最低值为0.6%，最高值为8.8%。总体来看，1999—2017年杭州市全要素生产率增长率对经济增长的贡献率为32.6%，属于较高水平。分时段来看，1999—2008年全要素生产率增长率为5.7%，对经济增长的贡献率为42.5%；2009—2017年全要素生产率增长率为1.8%，对经济增长的贡献率为19.0%；后一时段全要素生产率增长率大幅下滑且对经济增长的贡献率也大幅下滑。

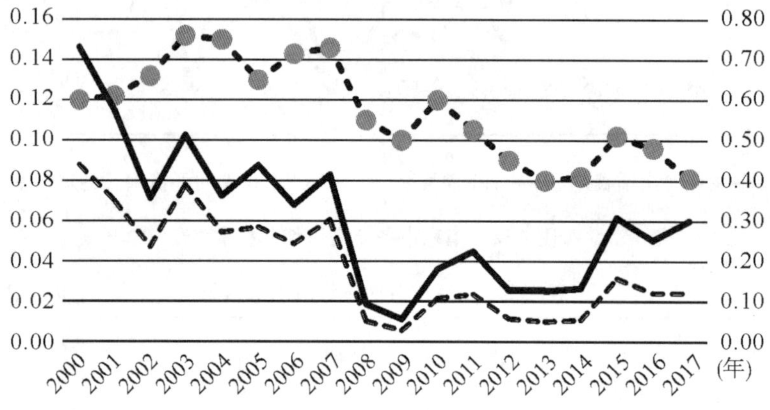

图4-3　杭州市各年经济增长核算

表 4-4　杭州市分时段经济增长核算　　　单位:%

时间区间	产出增长率	TFP 增长率	TFP 增长率对经济增长的贡献率
1999—2008 年	13.4	5.7	42.5
2009—2017 年	9.5	1.8	19.0
1999—2017 年	11.4	3.7	32.6

（四）宁波市

宁波市是浙江省副省级城市，计划单列市、国务院批复确定的中国东南沿海重要港口城市、长江三角洲南翼经济中心。截至 2018 年末，全市下辖 6 个区、2 个县、代管 2 个县级市，总面积 9 816 平方千米，建成区面积 345.49 平方千米，常住人口 820.2 万人，城镇人口 597.93 万人，城镇化率 72.9%。《宁波市 2018 年国民经济和社会发展统计公报》显示，宁波市全年实现地区生产总值 10 746 亿元，首次跻身“万亿 GDP 城市”行列。按可比价格计算，比 2017 年增长 7.0%。其中，第一产业实现增加值 306 亿元，增长 2.2%；第二产业实现增加值 5 508 亿元，增长 6.2%；第三产业实现增加值 4 932 亿元，增长 8.1%。三次产业之比为 2.8∶51.3∶45.9。按常住人口计算，宁波市人均地区生产总值为 132 603 元，按国家公布的 2018 年平均汇率折算为 20 038 美元。

宁波市各年与分时段经济增长核算结果见图 4-4 和表 4-5。1999 年以来，宁波市地区生产总值增长较快，平均达到 10.9%，但是波动性较大，增长最高年份增长速度超过 15%，而增长最低年份增长速度也超过 7%。全要素生产率增长率波动更为剧烈，19 年（1999—2017 年）间，其最低值为-0.2%，最高值为 8.1%。总体来看，1999—2017 年宁波市全要素生产率增长率对经济增长的贡献率为 31.2%，属于较高水平。分时段来看，1999—2008 年全要素生产率增长率为 5.7%，对经济增长的贡献率为 43.1%；2009—2017 年全要素生产率增长率为 1.1%，对经济增长的贡献率为 13.2%；后一时段全要素生产率增长率大幅下滑且对经济增长的贡献率也大幅下滑。

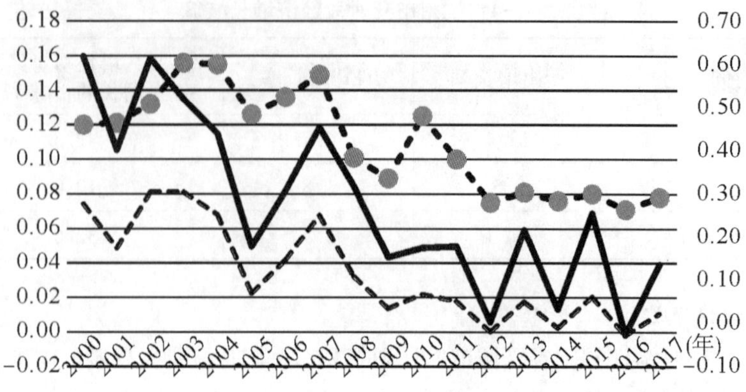

图 4-4　宁波市各年经济增长核算

表 4-5　宁波市分时段经济增长核算　　单位:%

时间区间	产出增长率	TFP 增长率	TFP 增长率对经济增长的贡献率
1999—2008 年	13. 3	5. 7	43. 1
2009—2017 年	8. 6	1. 1	13. 2
1999—2017 年	10. 9	3. 4	31. 2

(五) 福州市

福州市是福建省省会，是福建省的政治、文化、交通中心，海峡西岸经济区中心城市之一。福州市陆地总面积 11 968 平方千米，其中城市面积 1 219. 37 平方千米，建成区面积 291 平方千米。截至 2018 年末，全市常住人口 774 万人，城镇人口 544. 12 万人，城镇化率 70. 3%，比 2017 年末提高 0. 8%。《福州市 2018 年国民经济和社会发展统计公报》显示，福州市全年实现地区生产总值 7 856. 81 亿元，比 2017 年增长 8. 6%。其中，第一产业增加值 494. 66 亿元，增长 4. 3%；第二产业增加值 3 204. 90亿元，增长 8. 4%；第三产业增加值 4 157. 26 亿元，增长 9. 2%。第一产业增加值占地区生产总值的比重为 6. 3%，第二产业增加值占地区生产总值的比重为 40. 8%，第三产业增加值占地区生产总值的比重为 52. 9%。按常住人口计算，福州市人均地区生产总值 102 037 元，比 2017 年增长 7. 4%。

福州市各年与分时段经济增长核算结果见图 4-5 和表 4-6。1999 年以来，福州市地区生产总值增长较快，达到 11. 5%，但是波动性较大，增长最高年份增长速度超过 15%，而增长最低年份增长速度也超过 8%。全要素生产率增长率波动更为剧烈，19 年（1999—2017 年）间，其最低值为-0.5%，最高值为 9.4%。总体来看，1999—2017 年福州市全要素生产率增长率对经济增长的贡献率为 33.9%，属于较高水平。分时段来看，1999—2008 年全要素生产率增长率为 6.8%，对经济增长的贡献率为 56.7%；2009—2017 年全要素生产率增长率为 1.1%，对经济增长的贡献率为 10.2%；后一时段全要素生产率增长率大幅下滑且对经济增长的贡献率也大幅下滑。

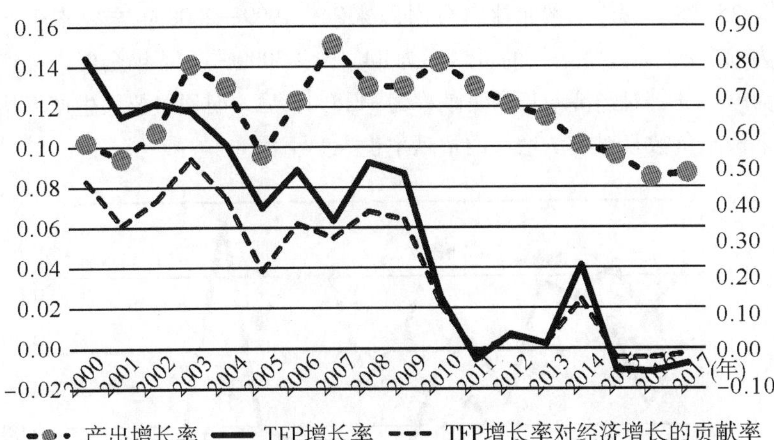

图 4-5 福州市各年经济增长核算

表 4-6 福州市分时段经济增长核算 单位：%

时间区间	产出增长率	TFP 增长率	TFP 增长率对经济增长的贡献率
1999—2008 年	11.9	6.8	56.7
2009—2017 年	11.2	1.1	10.2
1999—2017 年	11.5	3.9	33.9

（六）厦门市

厦门市是副省级城市、经济特区，东南沿海重要的中心城市，陆地面积 1 699.39平方千米，海域面积 390 多平方千米。截至 2018 年底，全市常住人口 411 万人，城镇人口 366.2 万，城镇化率 89.1%。《厦门市 2018 年国民经济和社会发展统计公报》显示，厦门市全年实现地区生产总值 4 791.41 亿元，按可比价格计算，比 2017 年增长 7.7%。其中，第一产业增加值 24.40 亿元，增长 2.6%；第二产业增加值 1 980.16 亿元，增长 8.1%；第三产业增加值 2 786.85亿元，增长 7.5%。三次产业结构为 0.5∶41.3∶58.2。按常住人口计算，厦门市人均地区生产总值 118 015 元，增长 5. 2%，折合 17 834 美元。

厦门市各年与分时段经济增长核算结果见图 4-6 和表 4-7。1999 年以来，厦门市地区生产总值增长较快，达到 12. 6%，但是波动性较大，增长最高年份增长速度达到 17%，而增长最低年份增长速度超过 7%。全要素生产率增长率波动更为剧烈，19 年（1999—2017 年）间，其最低值为-3. 8%，最高值为 11. 3%。总体来看，1999—2017 年厦门市全要素生产率增长率对经济增长的贡献率为 25. 3%，属于一般水平。分时段来看，1999—2008 年全要素生产率增长率为 6. 7%，对经济增长的贡献率为 44. 1%；2009—2017 年全要素生产率增长率为-0. 2%，对经济增长的贡献率为-1. 8%；后一时段全要素生产率增长率大幅下滑至负数且对经济增长的贡献率也大幅下滑。

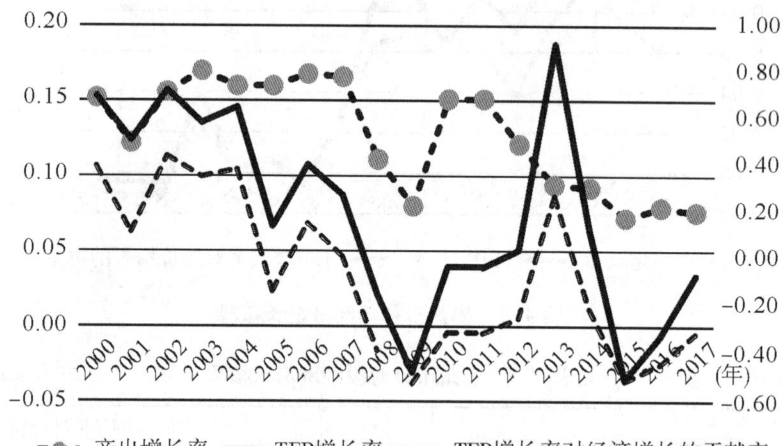

图 4-6　厦门市各年经济增长核算

表 4-7　厦门市分时段经济增长核算　　单位:%

时间区间	产出增长率	TFP 增长率	TFP 增长率对经济增长的贡献率
1999—2008 年	15. 1	6. 7	44. 1
2009—2017 年	10. 1	-0. 2	-1. 8
1999—2017 年	12. 6	3. 2	25. 3

（七）济南市

济南市是山东省省会、副省级城市、济南都市圈核心城市，国务院批复确定的环渤海地区南翼中心城市。截至 2018 年底，全市下辖 10 个区、2 个县，总面积 10 244 平方千米，建成区面积 561 平方千米，常住人口 746. 04 万人，城镇人口 537. 89 万人，城镇化率 72. 1%。《济南市 2018 年国民经济和社会发展统计公报》显示，济南市全年实现地区生产总值 7 856. 56 亿元，比 2017 年增长 7. 4%。其中，第一产业增加值 272. 42 亿元，增长 2. 5%；第二产业增加值 2 829. 31 亿元，增长 7. 8%；第三产业增加值 4 754. 83 亿元，增长 7. 5%。三次产业构成为 3. 5∶36. 0∶60. 5。按常住人口计算，济南市人均地区生产总值 106 302 元，增长 5. 7%，按 2018 年年均汇率折算为 16 064 美元。

济南市各年与分时段经济增长核算结果见图 4-7 和表 4-8。1999 年以来，济南市地区生产总值增长较快，达到 11. 9%，但是波动性较大，最高年份增长速度超过 15%，而最低年份增长速度超过 7%。全要素生产率增长率波动更为剧烈，19 年（1999—2017 年）间，其最低值为-6. 1%，最高值为 19. 2%。总体来看，1999—2017 年济南市全要素生产率增长率对经济增长的贡献率为 39. 6%，属于较高水平。分时段来看，1999—2008 年全要素生产率增长率为 8. 6%，对经济增长的贡献率为 60. 7%；2009—2017 年全要素生产率增长率为 1. 0%，对经济增长的贡献率为 10. 0%；后一时段全要素生产率增长率大幅下滑且对经济增长的贡献率也大幅下滑。

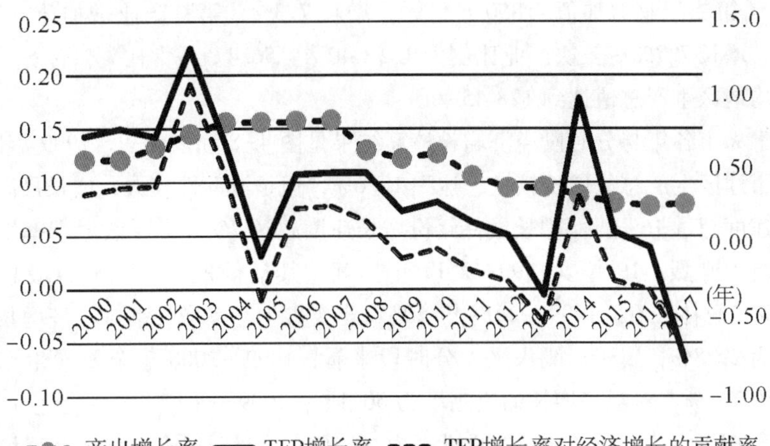

图 4-7　济南市各年经济增长核算

表 4-8　济南市分时段经济增长核算　　单位:%

时间区间	产出增长率	TFP 增长率	TFP 增长率对经济增长的贡献率
1999—2008 年	14. 2	8. 6	60. 7
2009—2017 年	9. 7	1. 0	10. 0
1999—2017 年	11. 9	4. 7	39. 6

（八）青岛市

青岛市是山东省地级市、计划单列市、副省级城市，是国务院批复确定的国家沿海重要中心城市、国际性港口城市，也是山东省经济中心、滨海度假旅游城市、国家重要的现代海洋产业发展先行区、东北亚国际航运枢纽，“一带一路”新亚欧大陆桥经济走廊主要节点城市和海上合作战略支点。总面积 11 282平方千米，辖 7 个区，代管 3 个县级市，截至 2018 年底，常住总人口 939. 48 万，城镇人口 692. 11 万人，城镇化率 73. 67%。《青岛市 2018 年国民经济和社会发展统计公报》显示，青岛市全年实现地区生产总值 12 001. 5 亿元，按可比价格计算，增长 7. 4%。其中，第一产业增加值 386. 9 亿元，增长 3. 5%；第二产业增加值 4 850. 6 亿元，增长 7. 3%；第三产业增加值 6 764. 0 亿元，增长 7. 7%。三次产业比例为 3. 2 ∶ 40. 4 ∶ 56. 4。按常住人口计算，青岛市人均地区生产总值达到 128 459 元。

青岛市各年与分时段经济增长核算结果见图 4-8 和表 4-9。1999 年以来，青岛市地区生产总值增长较快，达到 12. 6%，但是波动性较大，增长最高年份增长速度超过 16%，而增长最低年份增长速度超过 7%。全要素生产率增长率波动更为剧烈，19 年（1999—2017 年）间，其最低值为-2. 3%，最高值为 12. 9%。总体来看，1999—2017 年青岛市全要素生产率增长率对经济增长的贡献率为 29. 8%，属于一般水平。分时段来看，1999—2008 年全要素生产率增长率为 7. 7%，对经济增长的贡献率为 50. 1%；2009—2017 年全要素生产率增长率为-0. 1%，对经济增长的贡献率为-0. 6%；后一时段全要素生产率增长率大幅下滑至负数且对经济增长的贡献率也大幅下滑。

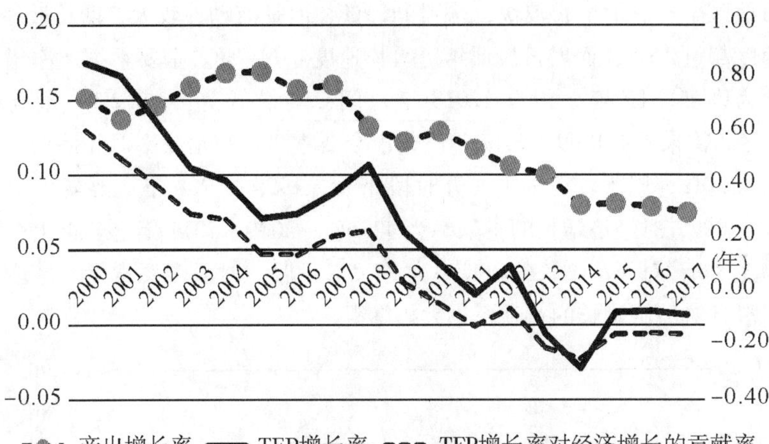

图 4-8　青岛市各年经济增长核算

表 4-9　青岛市分时段经济增长核算　单位:%

时间区间	产出增长率	TFP 增长率	TFP 增长率对经济增长的贡献率
1999—2008 年	15.3	7.7	50.1
2009—2017 年	9.9	-0.1	-0.6
1999—2017 年	12.6	3.7	29.8

（九）广州市

广州市是广东省省会、副省级城市、国家中心城市、超大城市。国务院批复的《广州市城市总体规划（2011—2020 年）》确定广州市为中国重要的中心城市、国际商贸中心和综合交通枢纽。截至 2018 年底，全市下辖 11 个区，总面积 7 434 平方千米，建成区面积 1 249.11 平方千米，常住人口 1 490.44 万人，城镇人口 1 287.44 万人，城镇化率 86.38%。《广州市 2018 年国民经济和社会发展统计公报》显示，广州市全年实现地区生产总值 22 859.35 亿元，按可比价格计算，比 2017 年增长 6.2%，其中，第一产业增加值 223.44 亿元，增长 2.5%；第二产业增加值 6 234.07 亿元，增长 5.4%；第三产业增加值 16 401.84亿元，增长 6.6%。三次产业的比例为 0.98 : 27.27 : 71.75。按常住人口计算，广州市人均地区生产总值达到 155 491 元，按平均汇率折算为 23 497美元。

广州市各年与分时段经济增长核算结果见图 4-9 和表 4-10。1999 年以来，广州市地区生产总值增长较快，达到11.9%，但是波动性较大，增长最高年份增长速度超过15%，而增长最低年份增长速度超过7%。全要素生产率增长率波动更为剧烈，19年（1999—2018年）间，其最低值为-3.2%，最高值为10.4%。总体来看，1999—2017年广州市全要素生产率增长率对经济增长的贡献率为41.0%，属于较高水平。分时段来看，1999—2008年全要素生产率增长率为6.0%，对经济增长的贡献率为43.6%；2009—2017年全要素生产率增长率为3.8%，对经济增长的贡献率为37.5%；后一时段全要素生产率增长率大幅下滑且对经济增长的贡献率也大幅下滑。

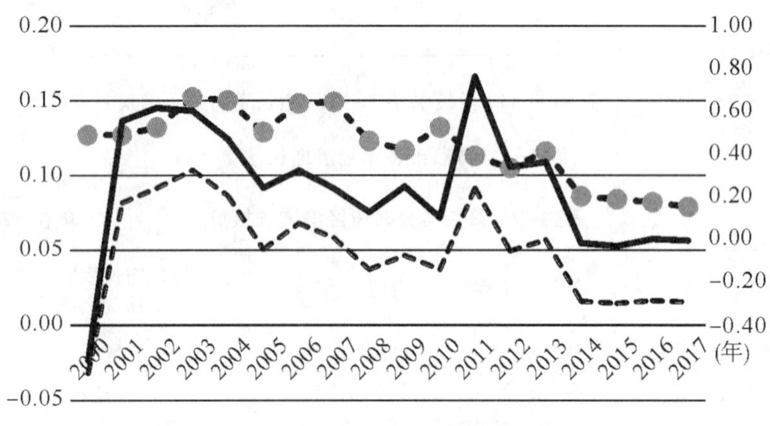

图 4-9　广州市各年经济增长核算

表 4-10　广州市分时段经济增长核算　　单位:%

时间区间	产出增长率	TFP 增长率	TFP 增长率对经济增长的贡献率
1999—2008 年	13.7	6.0	43.6
2009—2017 年	10.1	3.8	37.5
1999—2017 年	11.9	4.9	41.0

（十）深圳市

深圳市是广东省下辖的副省级城市、计划单列市、超大城市，国务院批复确定的中国经济特区、全国性经济中心城市和国际化城市。截至2018年底，全市下辖9个区，总面积1 997.47平方千米，建成区面积927.96平方千米，常住人口1 302.66万人，城镇人口1 302.66万人，城镇化率100%，是中国第一个实现全部城镇化的城市。《深圳市2018年国民经济和社会发展统计公报》

显示，深圳市全年实现地区生产总值 24 221.98 亿元，比 2017 年增长 7.6%。其中，第一产业增加值 22.09 亿元，增长 3.9%；第二产业增加值 9 961.95 亿元，增长 9.3%；第三产业增加值 14 237.94 亿元，增长 6.4%。第一产业增加值占全市地区生产总值的比重为 0.1%，第二产业增加值占全市地区生产总值的比重为 41.1%，第三产业增加值占全市地区生产总值的比重为 58.8%。在现代产业中，现代服务业增加值 10 090.59 亿元，增长 7.1%；先进制造业增加值 6 564.83 亿元，增长 12.0%；高技术制造业增加值 6 131.20 亿元，增长 13.3%。深圳市人均地区生产总值 189 568 元，增长 3.2%，按 2018 年平均汇率折算为 28 647 美元。

深圳市各年与分时段经济增长核算结果见图 4-10 和表 4-11。1999 年以来，深圳市地区生产总值增长较快，达到 12.5%，但是波动性较大，增长最高年份增长速度超过 19%，而增长最低年份增长速度超过 8%。全要素生产率增长率波动更为剧烈，19 年（1999—2017 年）间，其最低值为-3.2%，最高值为 11%。总体来看，1999—2017 年深圳市全要素生产率增长率对经济增长的贡献率为 44.8%，属于较高水平。分时段来看，1999—2008 年全要素生产率增长率为 8.4%，对经济增长的贡献率为 55.3%；2009—2017 年全要素生产率增长率为 2.9%，对经济增长的贡献率为 29.1%；后一时段全要素生产率增长率大幅下滑且对经济增长的贡献率也大幅下滑。

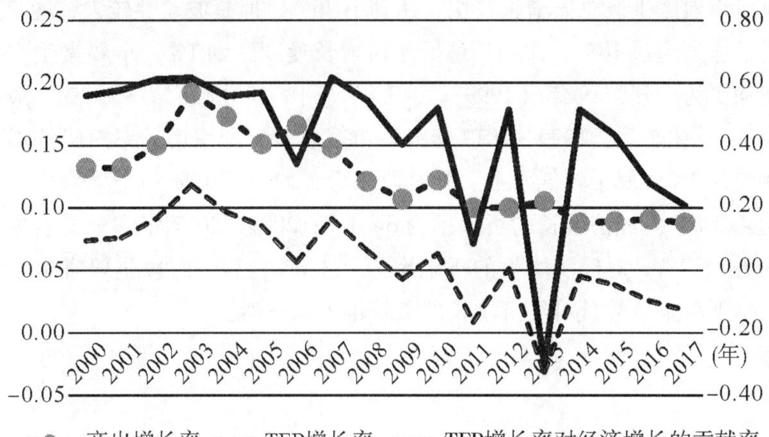

图 4-10 深圳市各年经济增长核算

表 4-11　深圳市分时段经济增长核算　　单位:%

时间区间	产出增长率	TFP 增长率	TFP 增长率对经济增长的贡献率
1999—2008 年	15.1	8.4	55.3
2009—2017 年	9.9	2.9	29.1
1999—2017 年	12.5	5.6	44.8

（十一）海口市

海口市是海南省省会，国家“一带一路”建设支点城市，中国（海南）自由贸易试验区（港）核心城市，全市总面积 3 145.93 平方千米，其中，陆地面积 2 284.49 平方千米，海域面积 861.44 平方千米。截至 2018 年底，全市常住人口 230.23 万人。《海口市 2018 年国民经济和社会发展统计公报》显示，海口市全年实现地区生产总值 1 510.51 亿元，按可比价格计算，比 2017 年增长 7.6%。其中，第一产业增加值 63.96 亿元，增长 4.5%；第二产业增加值 276 亿元，增长 6%；第三产业增加值 1 170.56 亿元，增长 8.1%。三次产业结构调整为 4.2∶18.3∶77.5。按常住人口计算，海口市人均生产总值为 66 042 元，比 2017 年增加 4 453 元，增长 7.2%。

海口市各年与分时段经济增长核算结果见图 4-11 和表 4-12。1999 年以来，海口市地区生产总值增长较快，达到 10.5%，但是波动性较大，增长最高年份增长速度超过 18%，而增长最低年份增长速度达到 1%。全要素生产率增长率波动更为剧烈，19 年（1999—2017 年）间，其最低值为-7.2%，最高值为 7.8%。总体来看，1999—2017 年海口市全要素生产率增长率对经济增长的贡献率为 8.2%，属于较低水平。分时段来看，1999—2008 年全要素生产率增长率为 4.0%，对经济增长的贡献率为 34.1%；2009—2017 年率全要素生产率增长率为-2.2%，对经济增长的贡献率为-23.6%；后一时段全要素生产率增长率大幅下滑至负数且对经济增长的贡献也大幅下滑。

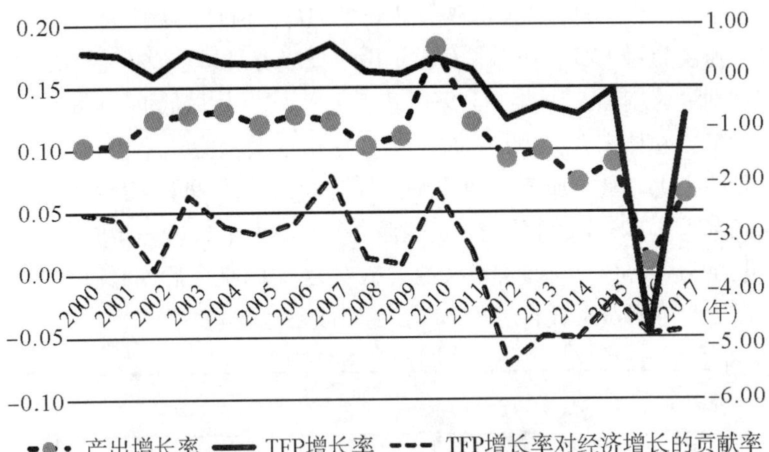

图 4-11 海口市各年经济增长核算

表 4-12 海口市分时段经济增长核算 单位:%

时间区间	产出增长率	TFP 增长率	TFP 增长率对经济增长的贡献率
1999—2008 年	11. 8	4. 0	34. 1
2009—2017 年	9. 3	-2. 2	-23. 6
1999—2017 年	10. 5	0. 9	8. 2

二、中部地区

(一) 太原市

太原市是山西省省会，中国优秀旅游城市、国家历史文化名城、国家园林城市、太原都市圈核心城市，山西省政治、经济、文化、交通和国际交流中心。截至 2018 年底，太原市辖 6 个市辖区、3 个县，代管 1 个县级市，总面积 6 988 平方千米，总人口 442. 15 万，城镇人口 375. 30 万人，城镇化率 84. 88%，比 2017 年提高 0. 18%。《太原市 2018 年国民经济和社会发展统计公报》显示，太原市全年实现地区生产总值 3 884. 48 亿元，比 2017 年增长 9. 2%。其中，第一产业增加值 41. 05 亿元，增长 0. 7%；第二产业增加值1 439. 13亿元，增长 10. 3%；第三产业增加值 2 404. 30 亿元，增长 8. 8%。按常住人口计算，太原市人均地区生产总值 88 272 元，比 2017 年增长 8. 2%，按 2018 年平均汇率计算达到 13 339 美元。

太原市各年与分时段经济增长核算结果见图 4-12 和表 4-13。1999 年以来，太原市地区生产总值增长较快，达到10.1%，但是波动性较大，增长最高年份增长速度超过16%，而增长最低年份增长速度仅超过2%。全要素生产率增长率波动更为剧烈，19年（1999—2017年）间，其最低值为-8.5%，最高值为13.5%。总体来看，1999—2017年太原市全要素生产率增长率对经济增长的贡献率为17.9%，属于一般水平。分时段来看，1999—2008年全要素生产率增长率为5.2%，对经济增长的贡献率为41.6%；2009—2017年全要素生产率增长率为-1.5%，对经济增长的贡献率为-19.6%；后一时段全要素生产率增长率大幅下滑至负数且对经济增长的贡献率也大幅下滑。

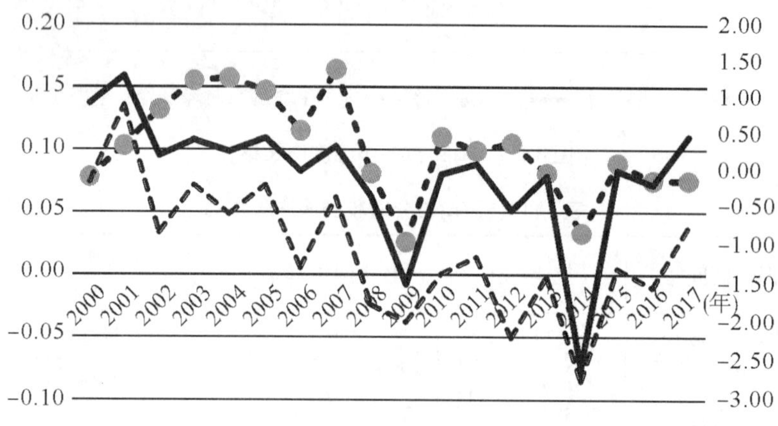

图4-12　太原市各年经济增长核算

表4-13　太原市分时段经济增长核算　　单位:%

时间区间	产出增长率	TFP 增长率	TFP 增长率对经济增长的贡献率
1999—2008年	12.5	5.2	41.6
2009—2017年	7.7	-1.5	-19.6
1999—2017年	10.1	1.8	17.9

（二）合肥市

合肥市是安徽省省会，长三角城市群副中心，综合性国家科学中心，“一带一路”和长江经济带战略双节点城市，现代制造业基地和综合交通枢纽，合肥都市圈中心城市，皖江城市带核心城市。合肥市总面积11 445.1平方千米（含巢湖水面770平方千米），2018年末常住人口808.7万人，比2017年增加 12.2 万人，常住人口城镇化率 74.97%，比 2017 年提高 1.22%。《合肥市2018 年国民经济和社会发展统计公报》显示，合肥市全年实现地区生产总值7 822.91亿元，按可比价格计算，比 2017 年增长 8.5%。其中，第一产业增加值 277.59 亿元，增长 2.2%；第二产业增加值 3 612.25 亿元，增长 9.5%；第三产业增加值 3 933.07 亿元，增长 8.0%。三次产业结构由 2017 年的 3.9∶49.0∶47.1 调整为 3.5∶46.2∶50.3，其中第三产业占地方生产总值比重首次突破 50%，达 50.3%，同比提高 3.2%。按常住人口计算，合肥市人均地方生产总值为 97 470 元，比 2017 年增加 9 014 元，折合 14 729 美元。

合肥市各年与分时段经济增长核算结果见图 4-13 和表 4-14。1999 年以来，合肥市地区生产总值增长较快，达到 13.9%，但是波动性较大，增长最高年份增长速度超过 18%，而增长最低年份增长速度超过 8%。全要素生产率增长率波动更为剧烈，19 年（1999—2017 年）间，其最低值为-0.6%，最高值为 7.9%。总体来看，1999—2017 年合肥市全要素生产率增长率对经济增长的贡献率为23.9%，属于一般水平。分时段来看，1999—2008 年全要素生产率增长率为5.1%，对经济增长的贡献率为 34.1%；2009—2017 年全要素生产率增长率为1.5%，对经济增长的贡献率为 12.0%；后一时段全要素生产率增长率大幅下滑且对经济增长的贡献率也大幅下滑。

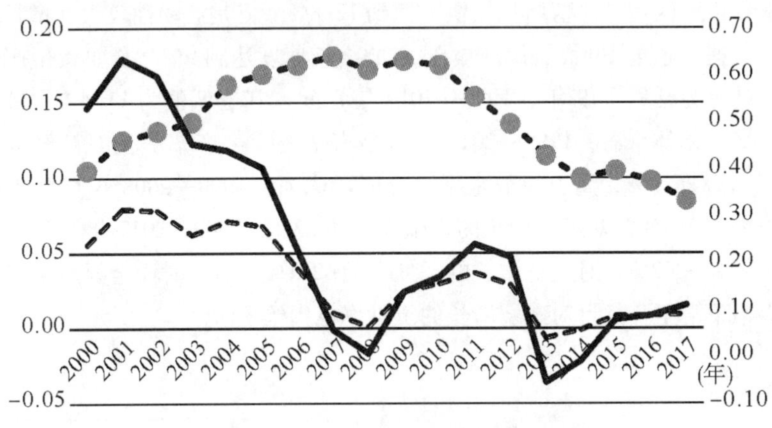

图 4-13　合肥市各年经济增长核算

表 4-14　合肥市分时段经济增长核算　　单位:%

时间区间	产出增长率	TFP 增长率	TFP 增长率对经济增长的贡献率
1999—2008 年	15.0	5.1	34.1
2009—2017 年	12.7	1.5	12.0
1999—2017 年	13.9	3.3	23.9

（三）南昌市

南昌市是江西省省会、环鄱阳湖城市群核心城市，江西省的政治、经济、文化、科教和交通中心，国务院批复确定的长江中游地区重要的中心城市。截至 2018 年底，全市下辖 6 个区、3 个县，总面积 7 402 平方千米，常住人口 554.55 万人，城镇人口 411.64 万人，城镇化率 74.2%。《南昌市 2018 年国民经济和社会发展统计公报》显示，南昌市全年实现地区生产总值5 274.67亿元，按可比价格计算，比 2017 年增长 8.9%。其中，第一产业增加值 190.68 亿元，增长 3.2%；第二产业增加值 2 660.92 亿元，增长 8.5%；第三产业增加值 2 423.07 亿元，增长 10.1%。

南昌市各年与分时段经济增长核算结果见图 4-14 和表 4-15。1999 年以来，南昌市地区生产总值增长较快，达到 12.8%，但是波动性较大，增长最高年份增长速度超过 16%，而增长最低年的增长速度达到 9%。全要素生产率增长率波动更为剧烈，19 年（1999—2017 年）间，其最低值为-1.4%，最高值为 12.9%。总体来看，1999—2017 年南昌市全要素生产率增长率对经济增长的贡献率为 26.3%，属于一般水平。分时段来看，1999—2008 年全要素生产率增长率为 7.1%，对经济增长的贡献率为 49.3%；2009—2017 年全要素生产率增长率为-0.2%，对经济增长的贡献率为-2.1%；后一时段全要素生产率增长率大幅下滑至负数且对经济增长的贡献率也大幅下滑。

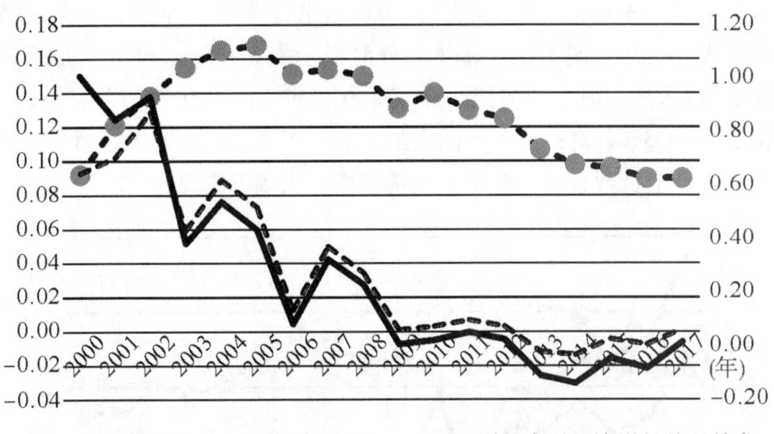

图 4-14　南昌市各年经济增长核算

表 4-15　南昌市分时段经济增长核算　　单位:%

时间区间	产出增长率	TFP 增长率	TFP 增长率对经济增长的贡献率
1999—2008 年	14. 4	7. 1	49. 3
2009—2017 年	11. 2	−0. 2	−2. 1
1999—2017 年	12. 8	3. 4	26. 3

（四）郑州市

郑州市是河南省省会，中国中部地区重要的中心城市、特大城市，国家重要的综合交通枢纽、商贸物流中心、中原城市群中心城市。截至 2018 年底，郑州下辖 6 个市辖区、1 个县，代管 5 个县级市，总面积 7 446 平方千米，建成区面积 830. 97 平方千米，总人口 1 013. 6 万人，城镇人口 743. 8 万人，城镇化率 73. 4%。《郑州市 2018 年国民经济和社会发展统计公报》显示，郑州市全年完成地区生产总值 10 143. 3 亿元，比 2017 年增长 8. 1%；人均地区生产总值 101 349 元，比 2017 年增长 5. 8%。其中第一产业增加值 147. 1 亿元，增长 2. 1%；第二产业增加值 4 450. 7 亿元，增长 8. 1%；第三产业增加值 5 545. 5 亿元，增长 8. 3%。

郑州市各年与分时段经济增长核算结果见图 4-15 和表 4-16。1999 年以来，郑州市地区生产总值增长较快，达到 12. 8%，但是波动性较大，增长最高年份增长速度达到 16%，而增长最低年份增长速度超过 8%。全要素生产率增长率波动更为剧烈，19 年（1999—2017 年）间，其最低值为−3. 1%，最高值为 12. 3%。总体来看，1999—2017 年郑州市全要素生产率增长率对经济增长的贡献率为 24. 3%，属于一般水平。分时段来看，1999—2008 年全要素生产率增长率为 6. 3%，对经济增长的贡献率为 46. 0%；2009—2017 年全要素生产率增长率为-0. 3%，对经济增长的贡献率为-2. 5%；后一时段全要素生产率增长率大幅下滑至负数且对经济增长的贡献率也大幅下滑。

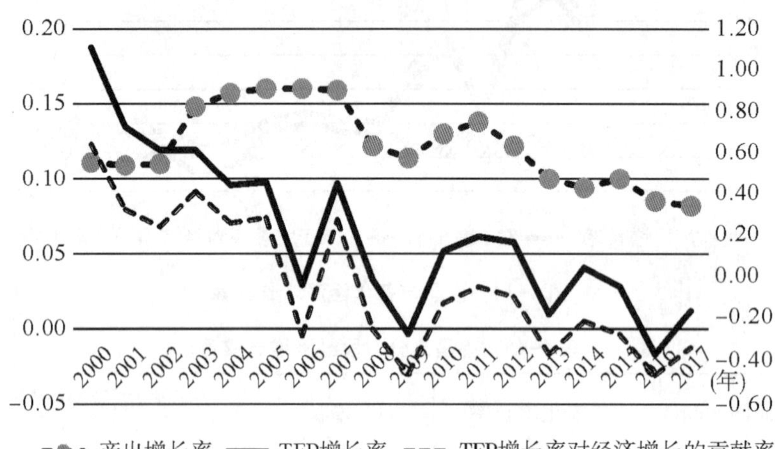

图 4-15　郑州市各年经济增长核算

表 4-16　郑州市分时段经济增长核算　　单位:%

时间区间	产出增长率	TFP 增长率	TFP 增长率对经济增长的贡献率
1999—2008 年	13. 7	6. 3	46. 0
2009—2017 年	10. 7	-0. 3	-2. 5
1999—2017 年	12. 2	3. 0	24. 3

(五) 武汉市

武汉市是湖北省省会、中部地区唯一副省级城市、特大城市，国务院批复确定的中国中部地区的中心城市，全国重要的工业基地、科教基地和综合交通枢纽。截至 2018 年底，全市下辖 13 个区，总面积 8 494. 41 平方千米，建成区面积 628 平方千米，常住人口 1 108. 1 万人，城镇人口 889. 69 万人，城镇化率 80. 2%。《武汉市 2018 年国民经济和社会发展统计公报》显示，武汉市全年实现地区生产总值 14 847. 29 亿元，比 2017 年增长 8. 0%。其中，第一产业增加值 362. 00 亿元，增长 2. 9%；第二产业增加值 6 377. 75 亿元，增长 5. 7%；第三产业增加值

8 107.54亿元，增长 10.1%。三次产业构成为 2.4∶43.0∶54.6。按常住人口计算，武汉市人均地区生产总值 135 136 元，比 2017 年增长 6.4%。

武汉市各年与分时段经济增长核算结果见图 4-16 和表 4-17。1999 年以来，武汉市地区生产总值增长较快，达到 12.2%，但是波动性较大，增长最高年份增长速度超过 15%，而增长最低年份增长速度超过 7%。全要素生产率增长率波动更为剧烈，19 年（1999—2017 年）间，其最低值为-0.2%，最高值为 11.7%。总体来看，1999—2017 年武汉市全要素生产率增长率对经济增长的贡献率为 39.9%，属于较高水平。分时段来看，1999—2008 年全要素生产率增长率为 8.3%，对经济增长的贡献率为 61.2%；2009—2017 年全要素生产率增长率为 1.5%，对经济增长的贡献率为 13.8%；后一时段全要素生产率增长率大幅下滑且对经济增长的贡献率也大幅下滑。

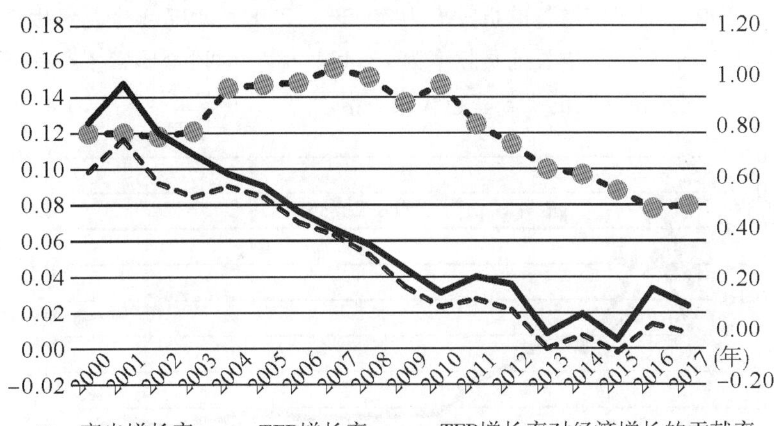

图 4-16　武汉市各年经济增长核算

表 4-17　武汉市分时段经济增长核算　　单位：%

时间区间	产出增长率	TFP 增长率	TFP 增长率对经济增长的贡献率
1999—2008 年	13.6	8.3	61.2
2009—2017 年	10.7	1.5	13.8
1999—2017 年	12.2	4.9	39.9

（六）长沙市

长沙市是湖南省省会，长江中游地区重要的中心城市、长江中游城市群和长江经济带重要的节点城市。总面积 11 819 平方千米；辖 6 个区、1 个县、代管2个县级市；2018年，常住人口815.47万，城镇人口632.72万，城镇化率77.59%。《长沙市2018年国民经济和社会发展统计公报》显示，长沙市全年实现地区生产总值11 003.41亿元，比2017年增长8.5%。分产业看，第一产业实现增加值318.73亿元，增长3.3%；第二产业实现增加值4 660.19亿元，增长6.8%；第三产业实现增加值6 024.49亿元，增长10.7%。

长沙市各年与分时段经济增长核算结果见图4-17和表4-18。1999年以来，长沙市地区生产总值增长较快，达到13.0%，但是波动性较大，增长最高年份增长速度达到16%，而增长最低年份增长速度达到9%。全要素生产率增长率波动更为剧烈，19年（1999—2017年）间，其最低值为1.3%，最高值为12.7%。总体来看，1999—2017年长沙市全要素生产率增长率对经济增长的贡献率为37.2%，属于较高水平。分时段来看，1999—2008年全要素生产率增长率为7.0%，对经济增长的贡献率为50.2%；2009—2017年全要素生产率增长率为2.7%，对经济增长的贡献率为22.4%；后一时段全要素生产率增长率大幅下滑且对经济增长的贡献率也大幅下滑。

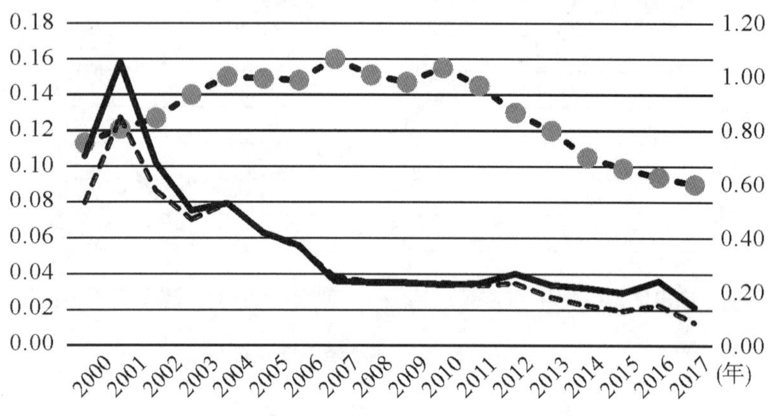

图4-17　长沙市各年经济增长核算

表4-18　长沙市分时段经济增长核算　　单位:%

时间区间	产出增长率	TFP 增长率	TFP 增长率对经济增长的贡献率
1999—2008年	14.0	7.0	50.2
2009—2017年	12.0	2.7	22.4
1999—2017年	13.0	4.8	37.2

三、西部地区

（一）呼和浩特市

呼和浩特市是内蒙古自治区首府，内蒙古自治区的政治、经济、文化中心，国务院批复确定的中国北方沿边地区重要的中心城市。截至2018年底，全市下辖4个区、4个县、1个旗，总面积17 224平方千米，建成区面积260平方千米，常住人口312.6万人，城镇人口218.3万人，城镇化率69.8%。《呼和浩特市2018年国民经济和社会发展统计公报》显示，呼和浩特市全年地区生产总值按不变价格计算，比2017年增长3.9%。三次产业中，第一产业增加值增长2.1%，第二产业增加值增长2.4%，第三产业增加值增长4.6%。三次产业结构比重为3.7∶27.6∶68.7。

呼和浩特市各年与分时段经济增长核算结果见图4-18和表4-19。1999年以来，呼和浩特市地区生产总值增长较快，达到15.4%，但是波动性较大，增长最高年份增长速度超过31%，而增长最低年份增长速度达到5%。全要素生产率增长率波动更为剧烈，19年（1999—2017年）间，其最低值为-1.2%，最高值为14.4%。总体来看，1999—2017年呼和浩特市全要素生产率增长率对经济增长的贡献率为33.9%，属于较高水平。分时段来看，1999—2008年全要素生产率增长率为9.5%，对经济增长的贡献率为44.8%；2009—2017年全要素生产率增长率为1.2%，对经济增长的贡献率为11.6%；后一时段全要素生产率增长率大幅下滑且对经济增长的贡献也大幅下滑。

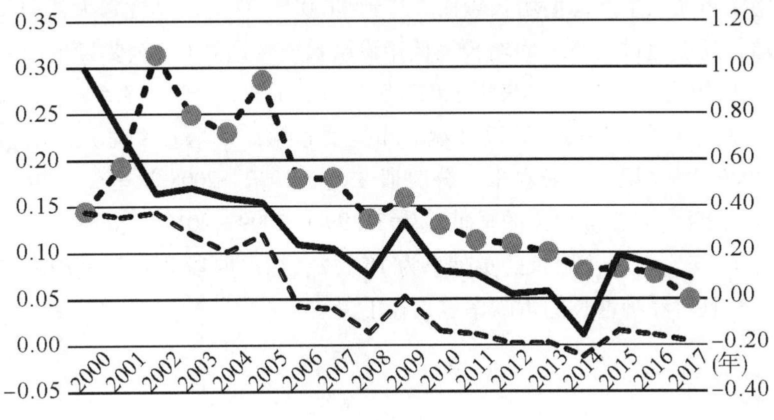

图4-18 呼和浩特市各年经济增长核算

表 4-19　呼和浩特市分时段经济增长核算　　　单位:%

时间区间	产出增长率	TFP 增长率	TFP 增长率对经济增长的贡献率
1999—2008 年	21.1	9.5	44.8
2009—2017 年	10.0	1.2	11.6
1999—2017 年	15.4	5.2	33.9

（二）南宁市

南宁市，别称绿城、邕城，是广西壮族自治区首府，国务院批复确定的中国北部湾经济区中心城市、西南地区连接出海通道的综合交通枢纽。截至2018 年底，全市下辖 7 个区、5 个县，总面积 22 112 平方千米，建成区面积372 平方千米，常住人口 725.41 万人，城镇人口 452.61 万人，城镇化率62.4%。《南宁市 2018 年国民经济和社会发展统计公报》显示，南宁市全年实现地区生产总值 4 480 亿元，按可比价格计算，比 2017 年增长 5.4%。按常住人口计算，南宁市人均地区生产总值比 2017 年增长 4%。三次产业中，第一产业增加值比 2017 年增长 4.3%，第二产业增加值比 2017 年增长 2.2%，第三产业增加值比 2017 年增长 7.8%。三次产业的比重为 10.5 : 30.4 : 59.1。与 2017年比较，第一产业比重上升 0.7%，第二产业比重下降 8.4%，第三产业比重上升 7.7%。

南宁市各年与分时段经济增长核算结果见图 4-19 和表 4-20。1999 年以来，南宁市地区生产总值增长较快，达到 11.0%，但是波动性较大，增长最高年份增长速度超过 17%，而增长最低年份增长速度达到 0。全要素生产率增长率波动更为剧烈，19 年（1999—2017 年）间，其最低值为-8.5%，最高值为8.9%。总体来看，1999—2017 年南宁市全要素生产率增长率对经济增长的贡献率为 26.8%，属于一般水平。分时段来看，1999—2008 年全要素生产率增长率为 4.2%，对经济增长的贡献率为 37.9%；2009—2017 年全要素生产率增长率为 1.7%，对经济增长的贡献率为 15.5%；后一时段全要素生产率增长率大幅下滑且对经济增长的贡献率也大幅下滑。

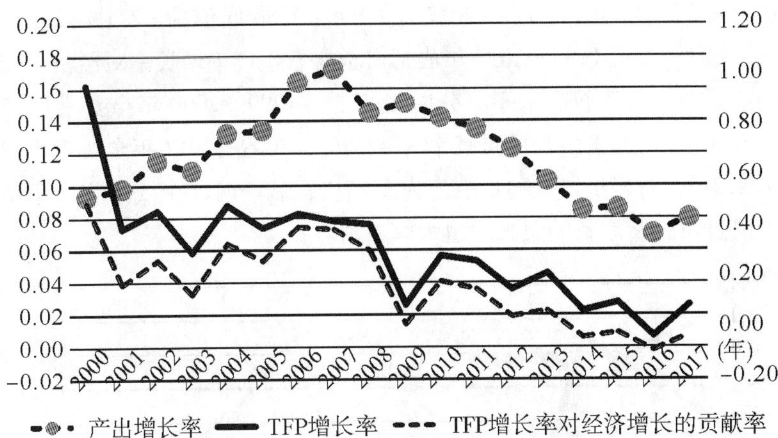

图 4-19　南宁市各年经济增长核算

表 4-20　南宁市分时段经济增长核算　　单位:%

时间区间	产出增长率	TFP 增长率	TFP 增长率对经济增长的贡献率
1999—2008 年	11.2	4.2	37.9
2009—2017 年	10.8	1.7	15.5
1999—2017 年	11.0	2.9	26.8

(三) 成都市

成都市，简称蓉，别称蓉城、锦城，是四川省省会、副省级城市、特大城市，国务院确定的国家重要高新技术产业基地、商贸物流中心和综合交通枢纽，是西部地区重要的中心城市。2018 年，全市下辖 20 个区（市）县和成都高新区、天府新区成都直管区，面积 14 335 平方千米，常住人口 1 633 万人。《成都市 2018 年国民经济和社会发展统计公报》显示，成都市全年实现地区生产总值 15 342.77 亿元，按可比价格计算，比 2017 年增长 8.0%。其中，第一产业增加值 522.59 亿元，增长 3.6%；第二产业增加值 6 516.19 亿元，增长 7.0%；第三产业增加值 8 303.99 亿元，增长 9.0%。三次产业结构为 3.4∶42.5∶54.1。三次产业对经济增长的贡献率分别为 1.6%、37.1%、61.3%。按常住人口计算，成都市人均地区生产总值为 94 782 元，比 2017 年增长 6.6%。

成都市各年与分时段经济增长核算结果见图 4-20 和表 4-21。1999 年以来，成都市地区生产总值增长较快，达到 12.1%，但是波动性较大，增长最高年份增长速度超过 15%，而增长最低年份增长速度超过 7%。全要素生产率增长率波动剧烈，19 年（1999—2017 年）间，其最低值为-2.1%，最高值为10.6%。总体来看，1999—2017 年成都市全要素生产率增长率对经济增长的贡献率为 35.2%，属于较高水平。分时段来看，1999—2008 年全要素生产率增长率为 6.3%，对经济增长的贡献率为 47.9%；2009—2017 年全要素生产率增长率为 2.3%，对经济增长的贡献率为 20.7%；后一时段全要素生产率增长率大幅下滑且对经济增长的贡献率也大幅下滑。

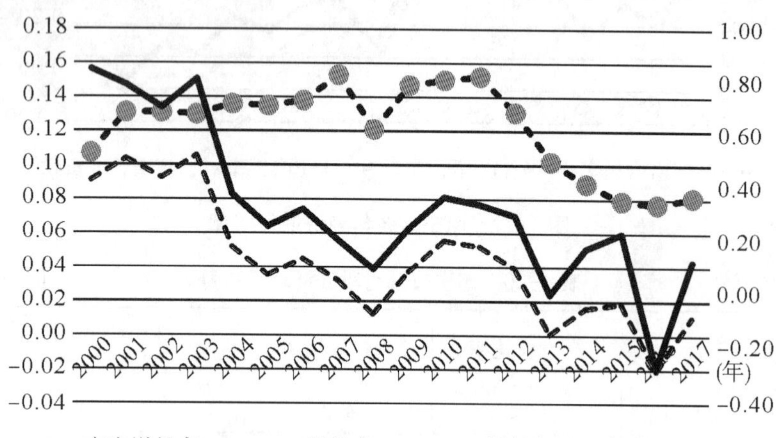

图 4-20　成都市各年经济增长核算

表 4-21　成都市分时段经济增长核算　　单位:%

时间区间	产出增长率	TFP 增长率	TFP 增长率对经济增长的贡献率
1999—2008 年	13.1	6.3	47.9
2009—2017 年	11.2	2.3	20.7
1999—2017 年	12.1	4.3	35.2

（四）贵阳市

贵阳市是贵州省省会，贵州省的政治、经济、文化、科教、交通中心和西南地区重要的交通通信枢纽、工业基地及商贸旅游服务中心，西南地区中心城市之一。贵阳市面积 8 034 平方千米，2018 年末常住人口 488.19 万人，城镇人口 368.24 万人，城镇化率达 75.43%。《贵阳市 2018 年国民经济和社会发展统计公报》显示，贵阳市全年实现地区生产总值 3 798.45 亿元，同比增长 9.9%。其中，第一产业增加值 153.10 亿元，增长 6.6%；第二产业增加值 1 413.67亿元，增长 7.9%；第三产业增加值 2 231.68 亿元，增长 11.3%。贵阳市人均生产总值 78 449 元，同比增长 7.8%。三次产业结构为 4.0：37.2：58.8，与 2017 年比，第一产业比重下降 0.2%，第二产业比重下降 1.6%，第三产业比重提高 1.8%。

贵阳市各年与分时段经济增长核算结果见图 4-21 和表 4-22。1999 年以来，贵阳市地区生产总值增长较快，达到 13.1%，但是波动性较大，增长最高年份增长速度达到 17%，而增长最低年份增长速度也超过 10%。全要素生产率增长率波动剧烈，19 年（1999—2017 年）间，其最低值为 1.0%，最高值为 13.0%。总体来看，1999—2017 年贵阳市全要素生产率增长率对经济增长的贡献率为 42.3%，属于较高水平。分时段来看，1999—2008 年全要素生产率增长率为 6.6%，对经济增长的贡献率为 50.2%；2009—2017 年全要素生产率增长率为 4.9%，对经济增长的贡献率为 34.9%；后一时段全要素生产率增长率大幅下滑且对经济增长的贡献率也大幅下滑。

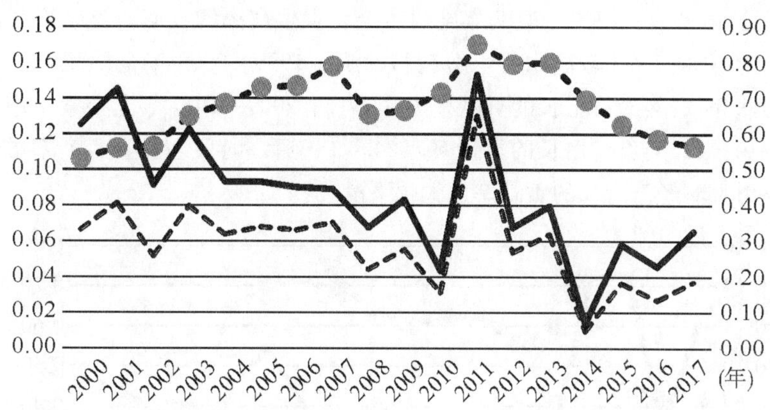

图 4-21　贵阳市各年经济增长核算

表 4-22　贵阳市分时段经济增长核算　　单位:%

时间区间	产出增长率	TFP 增长率	TFP 增长率对经济增长的贡献率
1999—2008 年	13.1	6.6	50.2
2009—2017 年	14.0	4.9	34.9
1999—2017 年	13.5	5.7	42.3

（五）昆明市

昆明市，别称春城，是云南省省会、滇中城市群中心城市，国务院批复确定的中国西部地区重要的中心城市之一。截至 2018 年底，全市下辖 7 个区、3 个县、3 个自治县、代管 1 个县级市，总面积 21 473 平方千米，建成区面积 435.81 平方千米，常住人口 685.0 万人，城镇人口 499.02 万人，城镇化率 72.85%。《昆明市 2018 年国民经济和社会发展统计公报》显示，昆明市 2018 年实现地区生产总值 5 206.90 亿元，按可比价格计算，比 2017 年增长 8.4%。三次产业中，第一产业增加值 222.16 亿元，增长 6.3%；第二产业增加值 2 038.02亿元，增长 10.0%；第三产业增加值 2 946.72 亿元，增长 7.3%。三次产业结构由 2017 年的 4.3：38.4：57.3 调整为 4.3：39.1：56.6。

昆明市各年与分时段经济增长核算结果见图 4-22 和表 4-23。1999 年以来，昆明市地区生产总值增长较快，达到 11.0%，但是波动性较大，增长最高年份增长速度达到 14%，而增长最低年份增长速度达到 8.0%。全要素生产率增长率波动剧烈，19 年（1999—2017 年）间，其最低值为 0.8%，最高值为 7.7%。总体来看，1999—2017 年昆明市全要素生产率增长率对经济增长的贡献率为 36.0%，属于较高水平。分时段来看，1999—2008 年全要素生产率增长率为 4.0%，对经济增长的贡献率为 37.7%；2009—2017 年全要素生产率增长率为 3.9%，对经济增长的贡献率为 34.4%；后一时段全要素生产率增长率大幅下滑且对经济增长的贡献率也大幅下滑。

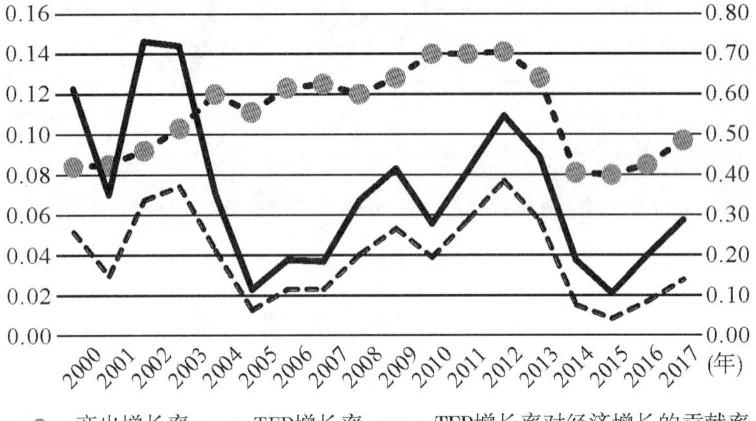

图 4-22　昆明市各年经济增长核算

表 4-23　昆明市分时段经济增长核算　　单位:%

时间区间	产出增长率	TFP 增长率	TFP 增长率对经济增长的贡献率
1999—2008 年	10.7	4.0	37.7
2009—2017 年	11.3	3.9	34.4
1999—2017 年	11.0	4.0	36.0

（六）拉萨市

拉萨市是西藏自治区首府，西藏自治区的政治、经济、文化和科教中心，也是藏传佛教圣地。截至 2018 年底，全市共有 42 个乡、7 个镇、16 个街道办事处；50 个居民委员会、227 个村民委员会。全市行政区划面积为 2.95 万平方千米。2018 年底户籍人口为 55.44 万人，比 2017 年底增加 1.08 万人。《拉萨市 2018 年国民经济和社会发展统计公报》显示，拉萨市全年实现地区生产总值 540.78 亿元，比 2017 年增长 9.3%。其中，第一产业增加值 18.29 亿元，增长 3.0%；第二产业增加值 229.65 亿元，增长 17.4%；第三产业增加值 292.83 亿元，增长 4.6%。拉萨市人均地区生产总值 77 688 元，比 2017 年增长 6.9%。2018 年三次产业比重为 3.4 : 42.5 : 54.1，分别拉动经济增长 0.1%、6.1%和 3.1%。与 2017 年相比，第一产业比重下降 0.3%，第二产业比重提高 3.0%，第三产业比重下降 2.7%。

拉萨市各年与分时段经济增长核算结果见图 4-23 和表 4-24。1999 年以来，拉萨市地区生产总值增长较快，达到 15.8%，但是波动性较大，增长最高年份增长速度达到 18%，而增长最低年份增长速度达到 10.0%。全要素生产率增长率波动剧烈，19 年（1999—2017 年）间，其最低值为-2.6%，最高值为 25.3%。总体来看，1999—2017 年拉萨市全要素生产率增长率对经济增长的贡献率为 36.4%，属于较高水平。分时段来看，1999—2008 年全要素生产率增长率为 8.7%，对经济增长的贡献率为 54.7%；2009—2017 年全要素生产率增长率为 1.5%，对经济增长的贡献率为 13.0%；后一时段全要素生产率增长率大幅下滑且对经济增长的贡献率也大幅下滑。

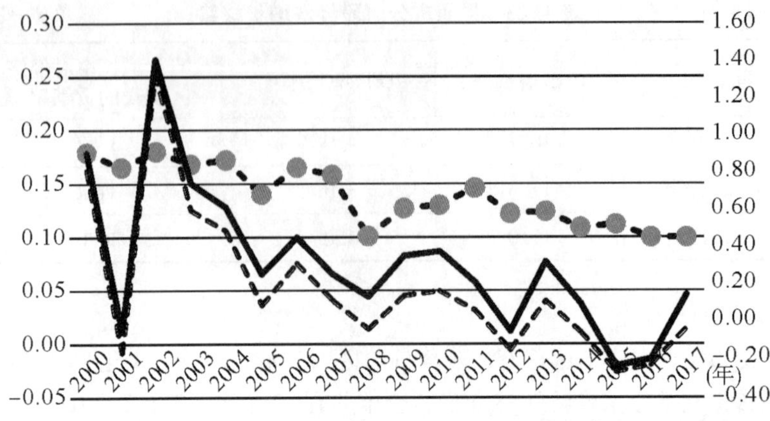

图 4-23　拉萨市各年经济增长核算

表 4-24　拉萨市分时段经济增长核算　　单位:%

时间区间	产出增长率	TFP 增长率	TFP 增长率对经济增长的贡献率
1999—2008 年	15. 8	8. 7	54. 7
2009—2017 年	11. 9	1. 5	13. 0
1999—2017 年	13. 8	5. 0	36. 4

（七）西安市

西安市是陕西省省会、副省级城市、关中平原城市群核心城市，曾是古丝绸之路的起点，是“一带一路”核心区、中国西部地区重要的中心城市，是国家重要的科研、教育、工业基地。截至 2018 年底，西安市下辖 11 区 2 县并代管西咸新区，总面积 10 752 平方千米，常住人口 1 000. 37 万人，城镇人口 740. 37 万人，城镇化率 74. 01%。《西安市 2018 年国民经济和社会发展统计公报》显示，西安市全年实现地区生产总值 8 349. 86 亿元，比 2017 年增长 8. 2%。其中，第一产业增加值 258. 82 亿元，增长 3. 3%；第二产业增加值 2 925. 61亿元，增长 8. 5%；第三产业增加值 5 165. 43 亿元，增长 8. 3%。三次产业构成为 3. 1 ∶ 35. 0 ∶ 61. 9。按常住人口计算，西安市人均地区生产总值 85 114元，比 2017 年增长 5. 2%。

西安市各年与分时段经济增长核算结果见图 4-24 和表 4-25。1999 年以来，西安市地区生产总值增长较快，达到 12. 1%，但是波动性较大，增长最高年份增长速度超过15%，而增长最低年份增长速度超过7%。全要素生产率增长率波动更为剧烈，19年（1999—2017年）间，其最低值为-3.3%，最高值为12.3%。总体来看，1999—2017年西安市全要素生产率增长率对经济增长的贡献率为22.9%，属于一般水平。分时段来看，1999—2008年全要素生产率增长率为5.7%，对经济增长的贡献率为43.6%；2009—2017年全要素生产率增长率为-0.1%，对经济增长的贡献率为-0.7%；后一时段全要素生产率增长率大幅下滑至负数且对经济增长的贡献率也大幅下滑。

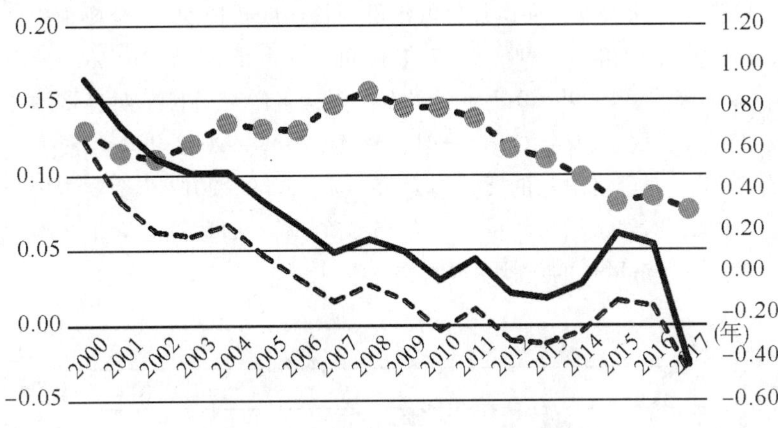

图4-24 西安市各年经济增长核算

表4-25 西安市分时段经济增长核算 单位:%

时间区间	产出增长率	TFP 增长率	TFP 增长率对经济增长的贡献率
1999—2008年	13.1	5.7	43.6
2009—2017年	11.1	-0.1	-0.7
1999—2017年	12.1	2.8	22.9

（八）兰州市

兰州市是甘肃省省会，国务院批复确定的中国西北地区重要的工业基地和综合交通枢纽，西部地区重要的中心城市之一，丝绸之路经济带的重要节点城市。截至2018年底，兰州市下辖5个区、3个县，总面积13 100平方千米，建成区面积321.75平方千米，常住人口375.36万人，城镇人口304.15万人，城镇化率81.03%。《兰州市2018年国民经济和社会发展统计公报》显示，兰州市全年完成地区生产总值2 732.94亿元，比2017年增长6.5%。其中，第一产业增加值 42.98 亿元，增长 6%；第二产业增加值 937.98 亿元，增长 4.9%；第三产业增加值 1 751.97 亿元，增长 7.4%。三次产业结构比为 1.57：34.32：64.11，与 2017 年的 1.53：35.26：63.21 相比，第一产业比重提高 0.04%，第二产业比重回落 0.94%，第三产业比重提高 0.9%。按常住人口计算，兰州市人均地区生产总值 73 042 元，比 2017 年增长 5.8%。

兰州市各年与分时段经济增长核算结果见图 4-25 和表 4-26。1999 年以来，兰州市地区生产总值增长较快，达到 11.0%，但是波动性较大，增长最高年份增长速度达到 15%，而增长最低年份增长速度超过 5%。全要素生产率增长率波动剧烈，19 年（1999—2017 年）间，其最低值为-0.6%，最高值为 8.2%。总体来看，1999—2017 年兰州市全要素生产率增长率对经济增长的贡献率为 35.3%，属于较高水平。分时段来看，1999—2008 年全要素生产率增长率为 6.1%，对经济增长的贡献率为 55.4%；2009—2017 年全要素生产率增长率为 1.7%，对经济增长的贡献率为 15.5%；后一时段全要素生产率增长率大幅下滑且对经济增长的贡献率也大幅下滑。

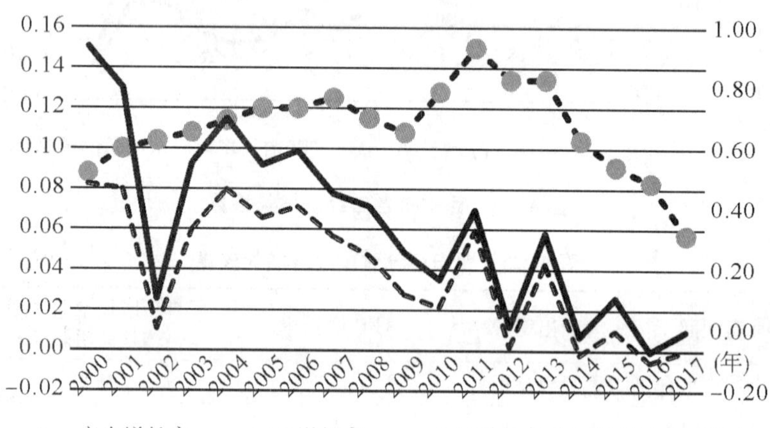

图 4-25　兰州市各年经济增长核算

表 4-26　兰州市分时段经济增长核算　　单位：%

时间区间	产出增长率	TFP 增长率	TFP 增长率对经济增长的贡献率
1999—2008 年	11.0	6.1	55.4
2009—2017 年	11.0	1.7	15.5
1999—2017 年	11.0	3.9	35.3

（九）西宁市

西宁市是青海省省会，青藏高原唯一人口超过百万的中心城市，“三江之源”和“中华水塔”国家生态安全屏障建设的服务基地和大后方，全国首个入选“无废城市”试点的省会城市。截至 2018 年底，西宁市总面积 7 660 平方千米，市区面积 380 平方千米，建成区面积 120 平方千米，常住人口 238.7 万人，城镇人口 174.01 万人，城镇化率 72.9%。《西宁市 2018 年国民经济和社会发展统计公报》显示，西宁市全年实现生产总值 1 286.41 亿元，增长 9.0%。其中，第一产业实现增加值 46.08 亿元；第二产业实现增加值 467.99 亿元；第三产业实现增加值 772.34 亿元；三次产业结构比由 2017 年 3.3∶43.3∶53.4 转变为 3.6∶36.4∶60.0。按常住人口计算，西宁市人均地区生产总值达到 5.44 万元，扣除价格上涨因素，实际比 2017 年增长 8.1%。

西宁市各年与分时段经济增长核算结果见图 4-26 和表 4-27。1999 年以来，西宁市地区生产总值增长较快，达到 13.4%，但是波动性较大，增长最高年份增长速度超过 18%，而增长最低年份增长速度也超过 9%。全要素生产率增长率波动剧烈，19 年（1999—2017 年）间，其最低值为-2.0%，最高值为 8.9%。总体来看，1999—2017 年西宁市全要素生产率增长率对经济增长的贡献率为 26.6%，属于一般水平。分时段来看，1999—2008 年全要素生产率增长率为 5.5%，对经济增长的贡献率为 40.4%；2009—2017 年全要素生产率增长率为 1.7%，对经济增长的贡献率为 12.6%；后一时段全要素生产率增长率大幅下滑且对经济增长的贡献率也大幅下滑。

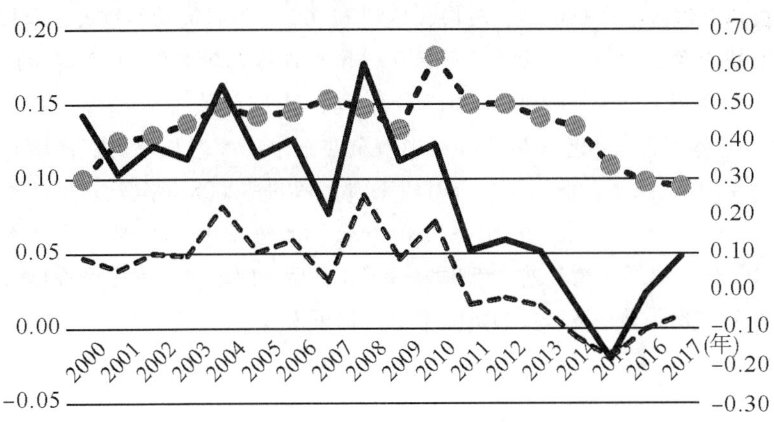

图 4-26　西宁市各年经济增长核算

表 4-27　西宁市分时段经济增长核算　　　单位:%

时间区间	产出增长率	TFP 增长率	TFP 增长率对经济增长的贡献率
1999—2008 年	13.6	5.5	40.4
2009—2017 年	13.2	1.7	12.6
1999—2017 年	13.4	3.6	26.6

（十）银川市

银川市是宁夏回族自治区首府，国家历史文化名城，西北地区重要的中心城市之一，宁夏回族自治区政治、经济、文化、科研、交通和金融中心，宁、内蒙古、陕、甘毗邻地区中心城市，是丝绸之路的节点城市。银川市面积 9 491平方千米，截至 2018 年底，全市总人口 225.06 万人，城镇人口 173.52 万人，城镇化率 77.1%。《银川市 2018 年国民经济和社会发展统计公报》显示，银川市全年实现地区生产总值 1 901.48 亿元，按可比价格计算，比 2017 年增长 7.2%。其中，第一产业增加值 67.31 亿元，增长 3.6%；第二产业增加值 867.33 亿元，增长 5.5%；第三产业增加值 966.84 亿元，增长 9.2%。三次产业结构为 3.6∶45.6∶50.8，对经济增长的贡献率分别为 1.9%、37.8%、60.3%。按常住人口计算，银川市人均地区生产总值 84 964 元，比 2017 年增长 5.8%。

银川市各年与分时段经济增长核算结果见图 4-27 和表 4-28。1999 年以来，银川市地区生产总值增长较快，达到 11.6%，但是波动性较大，增长最高年份增长速度超过 14%，而增长最低年份增长速度达到 8%。全要素生产率增长率波动剧烈，19 年（1999—2017 年）间，其最低值为-9.7%，最高值为 8.5%。总体来看，1999—2017 年银川市全要素生产率增长率对经济增长的贡献率为 4.7%，属于较低水平。分时段来看，1999—2008 年全要素生产率增长率为 1.3%，对经济增长的贡献率为 10.6%；2009—2017 年全要素生产率增长率为-0.2%，对经济增长的贡献率为-2.2%；后一时段全要素生产率增长率大幅下滑至负数且对经济增长的贡献率也大幅下滑。

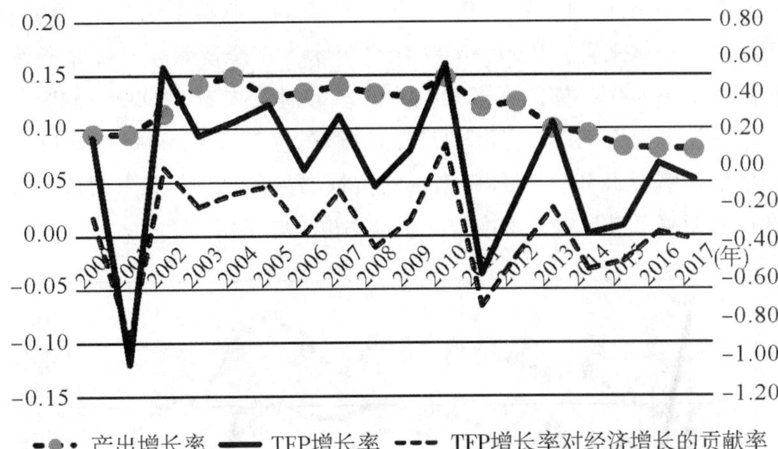

图 4-27　银川市各年经济增长核算

表 4-28　银川市分时段经济增长核算　　单位:%

时间区间	产出增长率	TFP 增长率	TFP 增长率对经济增长的贡献率
1999—2008 年	12.6	1.3	10.6
2009—2017 年	10.7	-0.2	-2.2
1999—2017 年	11.6	0.5	4.7

（十一）乌鲁木齐市

乌鲁木齐市是新疆维吾尔自治区首府，新疆维吾尔自治区政治、经济、文化、科教和交通中心，国务院批复确定的中国西北地区重要的中心城市和面向中亚、西亚的国际商贸中心。截至 2018 年底，全市下辖 7 个区、1 个县，总面积 14 216.3 平方千米，建成区面积 436 平方千米，常住人口 350.58 万人，城镇人口 261.57 万人，城镇化率 74.61%。《乌鲁木齐市 2018 年国民经济和社会发展统计公报》显示，乌鲁木齐市全年实现地区生产总值 3 099.77 亿元，按可比价格计算，比 2017 年增长 7.8%。其中，第一产业增加值 25.32 亿元，增长 2.9%；第二产业增加值 948.18 亿元，增长 2.9%；第三产业增加值 2 126.27亿元，增长 9.9%。三次产业结构为 0.8：30.6：68.6。

乌鲁木齐市各年与分时段经济增长核算结果见图 4-28 和表 4-29。1999 年以来，乌鲁木齐市地区生产总值增长较快，达到 12.3%，但是波动性较大，增长最高年份增长速度超过 17%，而增长最低年份增长速度超过 7%。全要素生产率增长率波动剧烈，19 年（1999—2017 年）间，其最低值为-5.9%，最高值为 10.2%。总体来看，1999—2017 年乌鲁木齐市全要素生产率增长率对经济增长的贡献率为 33.8%，属于较高水平。分时段来看，1999—2008 年全要素生产率增长率为 4.9%，对经济增长的贡献率为 39.7%；2009—2017 年全要素生产率增长率为 3.5%，对经济增长的贡献率为 27.9%；后一时段全要素生产率增长率大幅下滑且对经济增长的贡献率也大幅下滑。

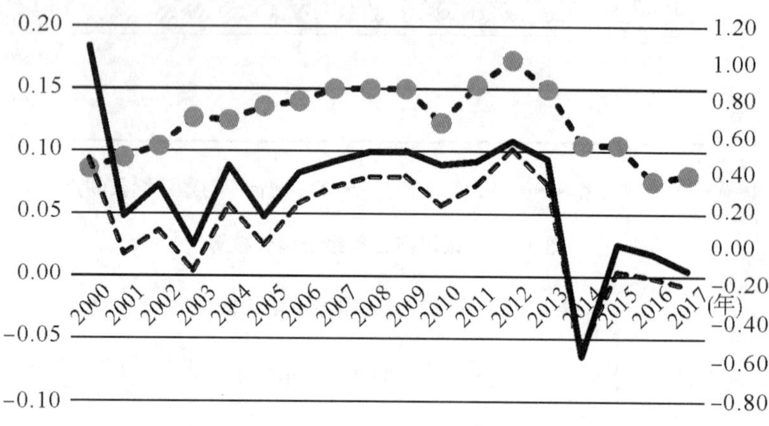

图 4-28　乌鲁木齐市各年经济增长核算

表 4-29　乌鲁木齐市分时段经济增长核算　　单位：%

时间区间	产出增长率	TFP 增长率	TFP 增长率对经济增长的贡献率
1999—2008 年	12.3	4.9	39.7
2009—2017 年	12.4	3.5	27.9
1999—2017 年	12.3	4.2	33.8

四、东北地区

（一）沈阳市

沈阳市，简称沈，别称盛京、奉天，是辽宁省省会、副省级城市、沈阳都市圈核心城市，国务院批复确定的中国东北地区重要的中心城市、先进装备制造业基地。截至 2018 年底，全市下辖 10 个区、2 个县、代管 1 个县级市，总面积 12 948平方千米，建成区面积 588.26 平方千米，常住人口 831.6 万人，城镇人口

673.6 万人，城镇化率 81%。《沈阳市 2018 年国民经济和社会发展统计公报》显示，沈阳市全年实现地区生产总值 6 292.4 亿元，按可比价格计算，比 2017 年增长 5.4%。其中，第一产业增加值 260.1 亿元，增长 3.2%；第二产业增加值 2 376.6亿元，增长 5.7%；第三产业增加值 3 655.7 亿元，增长 5.4%。按常住人口计算，沈阳市人均地区生产总值为 75 766 元，比 2017 年增长 5.3%。

沈阳市各年与分时段经济增长核算结果见图 4-29 和表 4-30。1999 年以来，沈阳市地区生产总值增长较快，达到 11.0%，但是波动性较大，增长最高年份增长速度超过 22%，而增长最低年份增长速度低过-5%。全要素生产率增长率波动剧烈，19 年（1999—2017 年）间，其最低值为-5.2%，最高值为 15.1%。总体来看，1999—2017 年沈阳市全要素生产率增长率对经济增长的贡献率为 36.8%，属于较高水平。分时段来看，1999—2008 年全要素生产率增长率为 9.3%，对经济增长的贡献率为 61.9%；2009—2017 年全要素生产率增长率为-0.9%，对经济增长的贡献率为-12.5%；后一时段全要素生产率增长率大幅下滑至负数且对经济增长的贡献率也大幅下滑。

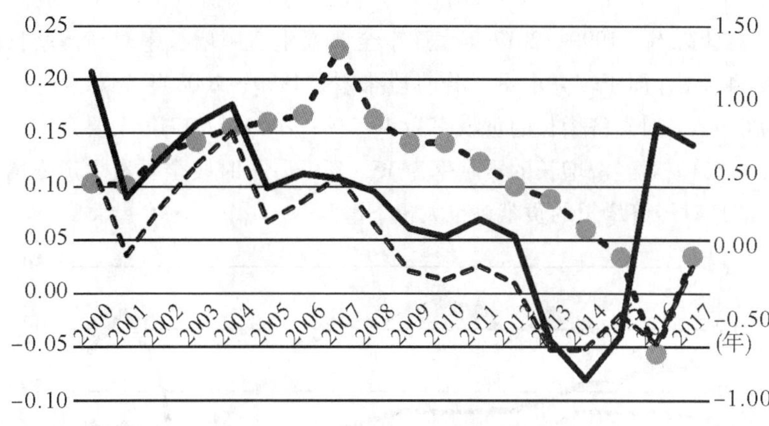

图 4-29　沈阳市各年经济增长核算

表 4-30　沈阳市分时段经济增长核算　　单位:%

时间区间	产出增长率	TFP 增长率	TFP 增长率对经济增长的贡献率
1999—2008 年	14.9	9.3	61.9
2009—2017 年	7.2	-0.9	-12.5
1999—2017 年	11.0	4.1	36.8

（二）大连市

大连市是辽宁省下辖地级市，是中央确定的计划单列市、副省级城市。大连市总面积 12 573.85 平方千米，下辖 7 市辖区、2 县级市、1 县；2018 年常住人口 698.75 万人。《大连市 2018 年国民经济和社会发展统计公报》显示，大连市全年实现地区生产总值 7 668.5 亿元，比 2017 年增长 6.5%。其中，第一产业增加值 442.7 亿元，增长 3.0%；第二产业增加值 3 241.6 亿元，增长 11.9%；第三产业增加值 3 984.2 亿元，增长 2.9%。第一产业增加值占地区生产总值的比重为 5.7%，第二产业增加值占地区生产总值的比重为 42.3%，第三产业增加值占地区生产总值的比重为 52%。按常住人口计算，大连市人均地区生产总值 109 644 元，比 2017 年增长 6.4%。

大连市各年与分时段经济增长核算结果见图 4-30 和表 4-31。1999 年以来，大连市地区生产总值增长较快，达到 12.2%，但是波动性较大，增长最高年份增长速度超过 17%，而增长最低年份增长速度超过 4%。全要素生产率增长率波动剧烈，19 年（1999—2017 年）间，其最低值为-5.3%，最高值为 8.6%。总体来看，1999—2017 年大连市全要素生产率增长率对经济增长的贡献率为 34.4%，属于较高水平。分时段来看，1999—2008 年全要素生产率增长率为 6.9%，对经济增长的贡献率为 46.7%；2009—2017 年全要素生产率增长率为 1.5%，对经济增长的贡献率为 15.8%；后一时段全要素生产率增长率大幅下滑且对经济增长的贡献率也大幅下滑。

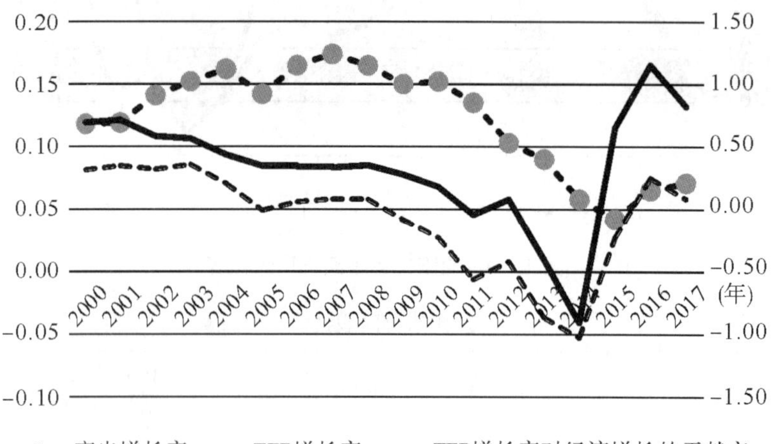

图 4-30　大连市各年经济增长核算

表 4-31　大连市分时段经济增长核算　　单位:%

时间区间	产出增长率	TFP 增长率	TFP 增长率对经济增长的贡献率
1999—2008 年	14. 9	6. 9	46. 7
2009—2017 年	9. 6	1. 5	15. 8
1999—2017 年	12. 2	4. 2	34. 4

（三）长春市

长春市是吉林省省会、副省级城市、东北亚经济圈中心城市，国务院批复确定的中国东北地区中心城市之一和重要的工业基地。截至 2018 年底，全市下辖 7 个区、1 个县、代管 2 个县级市，总面积 20 565 平方千米，建成区面积 519. 04 平方千米，常住人口 751. 3 万人，城镇人口 441. 5 万人，城镇化率 58. 8%。《长春市 2018 年国民经济和社会发展统计公报》显示，长春市全年实现地区生产总值 7 175. 7 亿元，按不变价格计算，比 2017 年增长 7. 2%。其中，第一产业增加值比 2017 年增长 1. 7%，第二产业增加值增长 7. 3%，第三产业增加值增长 7. 8%。三次产业结构为 4. 2 ∶ 48. 9 ∶ 46. 9。按常住人口计算，长春市人均地区生产总值达到 95 663 元，比 2017 年增长 7. 4%，折合 13 914 美元。

长春市各年与分时段经济增长核算结果见图 4-31 和表 4-32。1999 年以来，长春市地区生产总值增长较快，达到 11. 8%，但是波动性较大，增长最高年份增长速度超过 17%，而增长最低年份增长速度超过 6%。全要素生产率增长率波动剧烈，19 年（1999—2017 年）间，其最低值为-7. 0%，最高值为 15. 5%。总体来看，1999—2017 年长春市全要素生产率增长率对经济增长的贡献率为 28. 8%，属于一般水平。分时段来看，1999—2008 年全要素生产率增长率为 8. 1%，对经济增长的贡献率为 60. 8%；2009—2017 年全要素生产率增长率为-1. 1%，对经济增长的贡献率为-11. 0%；后一时段全要素生产率增长率大幅下滑至负数且对经济增长的贡献率也大幅下滑。

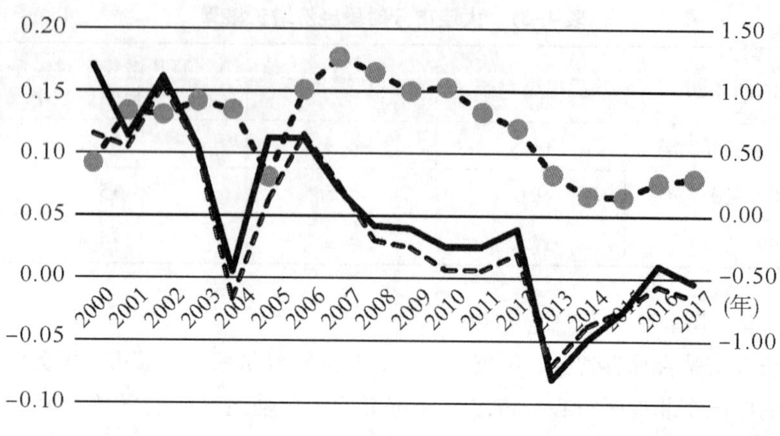

图 4-31 长春市各年经济增长核算

表 4-32 长春市分时段经济增长核算 单位:%

时间区间	产出增长率	TFP 增长率	TFP 增长率对经济增长的贡献率
1999—2008 年	13.4	8.1	60.8
2009—2017 年	10.2	-1.1	-11.0
1999—2017 年	11.8	3.4	28.8

(四) 哈尔滨市

哈尔滨市，别称冰城，是黑龙江省省会、副省级城市、哈尔滨都市圈核心城市，国务院批复确定的中国东北地区重要的中心城市、国家重要的制造业基地。截至 2018 年底，全市下辖 9 个区、7 个县、代管 2 个县级市，总面积 53 100平方千米，建成区面积 435.28 平方千米，常住人口 1 085.8 万人，城镇人口 709.0 万人，城镇化率 65.3%。《哈尔滨市 2018 年国民经济和社会发展统计公报》显示，哈尔滨市全年实现地区生产总值 6 300.5 亿元，比 2017 年增长 5.1%。其中，第一产业实现增加值 525.5 亿元，下降 0.1%；第二产业实现增加值 1 689.3 亿元，增长 2.7%；第三产业实现增加值 4 085.7 亿元，增长 7.5%。三次产业结构由 2017 年的 9.5：29.1：61.4 转变为 8.3：26.8：64.9。按常住人口计算，哈尔滨市人均地区生产总值 57 837 元，比 2017 年增长 5.6%。

哈尔滨市各年与分时段经济增长核算结果见图 4-32 和表 4-33。1999 年以来，哈尔滨市地区生产总值增长较快，达到11.3%，但是波动性较大，增长最高年份增长速度超过14%，而增长最低年份增长速度超过6%。全要素生产率增长率波动剧烈，19年（1999—2017年）间，其最低值为-7.8%，最高值为15.4%。总体来看，1999—2017年哈尔滨市全要素生产率增长率对经济增长的贡献率为33.2%，属于较高水平。分时段来看，1999—2008年全要素生产率增长率为7.7%，对经济增长的贡献率为58.7%；2009—2017年全要素生产率增长率为0，对经济增长的贡献率为-0.4%；后一时段全要素生产率增长率大幅下滑且对经济增长的贡献率也大幅下滑。

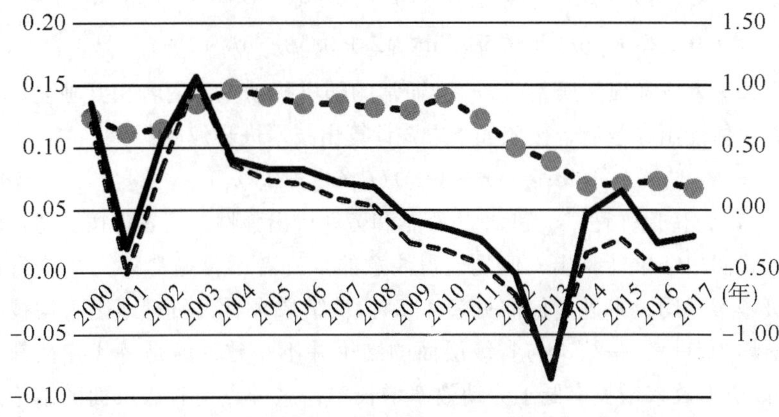

图4-32　哈尔滨市各年经济增长核算

表4-33　哈尔滨市分时段经济增长核算　　单位:%

时间区间	产出增长率	TFP 增长率	TFP 增长率对经济增长的贡献率
1999—2008年	13.1	7.7	58.7
2009—2017年	9.5	0.0	-0.4
1999—2017年	11.3	3.7	33.2

第三节　技术进步方向比较及其结构性影响因素分析

一、平均技术进步偏向比较

由于缺乏地级市层面的劳动者报酬份额数据，我们在 322 个地级市层面采用超越对数生产函数估计方程计算进步偏向。该估计方程为：

$$\begin{aligned}\ln Y_{it} &= \beta_0 + \beta_1 \mathrm{t} + \beta_2 t^2 + \beta_3 \ln K_{it} + \beta_4 \ln L_{it} + \beta_5 t\ln K_{it} + \beta_6 t\ln L_{it} \\ &+ 0.5\beta_7 nK_{it}\ln L_{it} + 0.5\beta_8({}^{1}nK_{it})2 + 0.5\beta_8({}^{1}nL_{it})2 + v_{it} - u_{it}\end{aligned} \tag{4-1}$$

上式中，u_{it} 为技术损失误差项，v_{it} 为通常的随机扰动项，两者相互独立。通过这种方法估计出参数后，按照如下方式计算出技术进步偏向：

$$Bias = (\sigma - 1/\sigma)(\beta_5/\varepsilon_K + \beta_6/\varepsilon_L) \tag{4-2}$$

上式中，σ 为替代弹性，ε_K 和 ε_L 为资本和劳动产出弹性，三者都按照通常的定义从上式回归结果计算出，但是值得注意的是三者不再是常数。32 个省会与副省级城市平均技术进步偏向见表 4-34。从结果来看，所有地区平均技术进步偏向均为负，这一结论与省级层面的结论并不一致，但是替代弹性都大于1，所以资本效率增长率低于劳动效率增长率，这一点与省级层面的结论是相同的。统计分析表中平均技术进步偏向指数表明，最大值为-0.000 140 8，最小值为 -0.000 149 1，均值为-0.000 144 4，标准偏误为 2.13e-06，这表明各地区差异不大。这种结果可能是由于地区范围较小，要素替代弹性增大到略大于 1 的程度所致。希克斯在《工资理论》一书中证明，行业或者地区范围缩小，替代弹性会增大，所以一般总体经济的替代弹性小于 1。但是随着地区进一步细分，替代弹性会增大，或者分行业考虑的话，替代弹性也会大于 1。

表 4-34　省会与副省级城市平均技术进步偏向结果

地区	平均偏向	地区	平均偏向	地区	平均偏向
石家庄市	-0.000 143 7	福州市	-0.000 143 5	海口市	-0.000 147 5
太原市	-0.000 144 6	厦门市	-0.000 143 5	成都市	-0.000 143 7
呼和浩特市	-0.000 146	南昌市	-0.000 145 6	贵阳市	-0.000 146 5
沈阳市	-0.000 140 8	济南市	-0.000 142 8	昆明市	-0.000 145
大连市	-0.000 141 7	青岛市	-0.000 143 3	拉萨市	-0.000 144 6
长春市	-0.000 144 2	郑州市	-0.000 145	西安市	-0.000 145 2

表4-34(续)

地区	平均偏向	地区	平均偏向	地区	平均偏向
哈尔滨市	-0.000 144 3	武汉市	-0.000 142 1	兰州市	-0.000 145 1
南京市	-0.000 141 5	长沙市	-0.000 144 5	西宁市	-0.000 149 1
杭州市	-0.000 142 6	广州市	-0.000 140 9	银川市	-0.000 146 4
宁波市	-0.000 142 3	深圳市	-0.000 143 6	乌鲁木齐市	-0.000 144 1
合肥市	-0.000 148	南宁市	-0.000 149		

二、二元经济结构与技术进步偏向

为考察二元经济结构对技术进步偏向的影响，我们进行如下回归分析：

$$Bias_{it} = \alpha_i + \beta_0 Dual_{it} + \beta X_{it} + \varepsilon_{it} \tag{4-3}$$

上式中，$Bias_{it}$、$Dual_{it}$ 为地区时期的技术偏向和二元经济结构指标，X_{it} 为控制变量。基于数据的可得性考虑，控制变量包括人均收入的对数和人均资本存量的对数。对 32 个省会与副省级城市面板数据用固定效应回归方法进行分析，结果见表 4-35。从表中可以看出，人均收入水平和人均资本存量的对数均对偏向有显著的负面影响，这意味着经济发展程度越高，技术进步越偏向于劳动。对于我们关注的核心解释变量（dual，就业结构）而言，无论有没有添加控制变量，其系数都显著为正，这同样表明，二元经济结构程度越高，即第一产业就业占比越高，技术进步越偏向于资本。

表 4-35　二元经济结构与技术进步偏向

变量	(1)	(2)	(3)	(4)
Dual	0.001 28*** (0.000 101)	0.000 191 (0.000 116)	8.89e-05 (0.000 123)	6.76e-05 (0.000 123)
lny		-0.000 208*** (2.03e-05)		-3.64e-05 (5.12e-05)
lnk			-0.000 171*** (1.67e-05)	-0.000 147*** (4.37e-05)
Constant	-0.000 420*** (2.55e-05)	0.002 09*** (0.000 243)	0.001 87*** (0.000 216)	0.001 99*** (0.000 210)
R-squared	0.629	0.848	0.889	0.890

第五章　其他地级行政区技术进步速度与方向比较

第一节　地区说明

地级行政区是中华人民共和国的第二级行政区，介于省级行政区与县级行政区之间，由省级行政区（仅限于省、自治区）管辖。因其所含行政区域行政地位与地区相同，故称“地级行政区”。地级行政区包括地级市、地区、自治州、盟。进入21世纪以来，中国地级行政区数量逐渐稳定，地级市数量约占地级行政区总数的88%，地级市已逐渐取代地区成为地级行政区的主体。2017年底①，中国大陆共计334个地级行政区，包括294个地级市、7个地区、30个自治州、3个盟，如表5-1所示。

表5-1　各省、自治区地级区划名单（截至2017年底）

省级区划	地级区划数	地级区划
全国	334	294个地级市、7个地区、30个自治州、3个盟
河北省	11	11个地级市：石家庄市、唐山市、秦皇岛市、邯郸市、邢台市、保定市、张家口市、承德市、沧州市、廊坊市、衡水市
山西省	11	11个地级市：太原市、大同、朔州、阳泉、长治、忻州、吕梁、晋中、临汾、运城、晋城
内蒙古自治区	12	9个地级市：呼和浩特市、包头市、乌海市、赤峰市、通辽市、鄂尔多斯市、呼伦贝尔市、巴彦淖尔市、乌兰察布市 3个盟：锡林郭勒盟、兴安盟、阿拉善盟

① 由于数据可获得性原因，本书生产率比较分析数据截止时间均为2017年底。

表5-1(续)

省级区划	地级区划数	地级区划
辽宁省	14	14个地级市：沈阳市、大连市、鞍山市、抚顺市、本溪市、丹东市、锦州市、营口市、阜新市、辽阳市、盘锦市、铁岭市、朝阳市、葫芦岛市
吉林省	9	8个地级市：长春市、吉林市、四平市、辽源市、通化市、白山市、松原市、白城市 1个自治州：延边朝鲜族自治州
黑龙江省	13	12个地级市：哈尔滨市、齐齐哈尔市、鹤岗市、双鸭山市、鸡西市、大庆市、伊春市、牡丹江市、佳木斯市、七台河市、黑河市、绥化市 1个地区：大兴安岭地区
江苏省	13	13个地级市：南京市、无锡市、徐州市、常州市、苏州市、南通市、连云港市、淮安市、盐城市、扬州市、镇江市、泰州市、宿迁市
浙江省	11	11个地级市：杭州市、宁波市、温州市、嘉兴市、湖州市、绍兴市、金华市、衢州市、舟山市、台州市、丽水市
安徽省	16	16个地级市：合肥市、芜湖市、蚌埠市、淮南市、马鞍山市、淮北市、铜陵市、安庆市、黄山市、滁州市、阜阳市、宿州市、巢湖市、六安市、亳州市、池州市、宣城市
福建省	9	9个地级市：福州市、厦门市、莆田市、三明市、泉州市、漳州市、南平市、龙岩市、宁德市
江西省	11	11个地级市：南昌市、景德镇市、萍乡市、九江市、新余市、鹰潭市、赣州市、吉安市、宜春市、抚州市、上饶市
山东省	17	17个地级市：济南市、青岛市、淄博市、枣庄市、东营市、烟台市、潍坊市、济宁市、泰安市、威海市、日照市、莱芜市、临沂市、德州市、聊城市、滨州市、菏泽市
河南省	17	17个地级市：郑州市、开封市、洛阳市、平顶山市、安阳市、鹤壁市、新乡市、焦作市、濮阳市、许昌市、漯河市、三门峡市、南阳市、商丘市、信阳市、周口市、驻马店市
湖北省	13	12个地级市：武汉市、黄石市、十堰市、荆州市、宜昌市、襄阳市、鄂州市、荆门市、孝感市、黄冈市、咸宁市、随州市 1个自治州：恩施土家族苗族自治州
湖南省	14	13个地级市：长沙市、株洲市、湘潭市、衡阳市、邵阳市、岳阳市、常德市、张家界市、益阳市、郴州市、永州市、怀化市、娄底市 1个自治州：湘西土家族苗族自治州

表5-1(续)

省级区划	地级区划数	地级区划
广东省	21	21个地级市：广州市、深圳市、珠海市、汕头市、韶关市、佛山市、江门市、湛江市、茂名市、肇庆市、惠州市、梅州市、汕尾市、河源市、阳江市、清远市、东莞市、中山市、潮州市、揭阳市、云浮市
广西壮族自治区	14	14个地级市：南宁市、柳州市、桂林市、梧州市、北海市、防城港市、钦州市、贵港市、玉林市、百色市、贺州市、河池市、来宾市、崇左市
海南省	4	4个地级市：海口市、三亚市、三沙市（2012年6月批准）、儋州市（2015年2月批准）
四川省	21	18个地级市：成都市、自贡市、攀枝花市、泸州市、德阳市、绵阳市、广元市、遂宁市、内江市、乐山市、南充市、眉山市、宜宾市、广安市、达州市、雅安市、巴中市、资阳市 3个自治州：阿坝藏族羌族自治州、甘孜藏族自治州、凉山彝族自治州
贵州省	9	6个地级市：贵阳市、六盘水市、遵义市、安顺市、铜仁市、毕节市 3个自治州：黔西南布依族苗族自治州、黔东南苗族侗族自治州、黔南布依族苗族自治州
云南省	16	8个地级市：昆明市、曲靖市、玉溪市、保山市、昭通市、丽江市、普洱市、临沧市 8个自治州：文山壮族苗族自治州、红河哈尼族彝族自治州、西双版纳傣族自治州、楚雄彝族自治州、大理白族自治州、德宏傣族景颇族自治州、怒江傈僳族自治州、迪庆藏族自治州
西藏自治区	7	6个地级市：拉萨市、日喀则市、昌都市、林芝市、山南市、那曲市 1个地区：阿里地区
陕西省	10	10个地级市：西安市、铜川市、宝鸡市、咸阳市、渭南市、延安市、汉中市、榆林市、安康市、商洛市
甘肃省	14	12个地级市：兰州市、金昌市、白银市、天水市、嘉峪关市、武威市、张掖市、平凉市、酒泉市、庆阳市、定西市、陇南市 2个自治州：临夏回族自治州、甘南藏族自治州
青海省	8	2个地级市：西宁市、海东市 6个自治州：海北藏族自治州、黄南藏族自治州、海南藏族自治州、果洛藏族自治州、玉树藏族自治州、海西蒙古族藏族自治州
宁夏回族自治区	5	5个地级市：银川市、石嘴山市、吴忠市、固原市、中卫市

表5-1(续)

省级区划	地级区划数	地级区划
新疆维吾尔自治区	14	4 个地级市：乌鲁木齐市、克拉玛依市、吐鲁番市、哈密市 5 个地区：和田地区、阿克苏地区、喀什地区、塔城地区、阿勒泰地区 5 个自治州：克孜勒苏柯尔克孜自治州、巴音郭楞蒙古自治州、昌吉回族自治州、博尔塔拉蒙古自治州、伊犁哈萨克自治州

注：数据来自 2018 年《中国统计年鉴》。

所有 334 个地级行政区中，三沙市于 2012 年批准建立，儋州市于 2015 年批准建立，且这两个地区基本数据极为缺乏，所以本章在进行其他（一般）地级行政区比较时并不包括这两个地区。此外，省会城市和副省级城市因其特殊性，我们已在上一章进行了专门讨论，所以本章仅仅比较分析剩余的 300 个地级行政区。

本章数据处理方法和上一章相同，发展核算比较基准地区仍然是成都市。

第二节　各省会城市经济增长核算

一、东部地区

（一）河北省

河北省除了省会石家庄市外，其余 10 个地级市增长核算结果见表 5-2。总体来看，1999—2008 年，10 个地级市经济增长率、全要素生产率增长率以及全要素生产率增长率对经济增长的贡献率均高于 2009—2017 年。分城市 TFP 增长率来看，唐山市、秦皇岛市、保定市、廊坊市和衡水市均超过 4%，邢台市、沧州市和承德市略高于 3%，邯郸市略低于 3%，张家口市最低，仅为 2.3%。分城市 TFP 增长率对经济增长的贡献率来看，秦皇岛市、保定市、衡水市和唐山市在整个时间段内均超过 40%，廊坊市和邢台市则超过 30%，其余城市也超过 25%。

表 5-2　河北省地级市经济增长核算结果　　单位:%

城市	时间区间	产出增长率	TFP 增长率	TFP 增长率对经济增长的贡献率
唐山市	1999—2008 年	13.0	7.9	60.7
	2009—2017 年	8.7	1.0	11.2
	1999—2017 年	10.8	4.4	40.4
秦皇岛市	1999—2008 年	11.5	6.9	59.7
	2009—2017 年	8.3	2.4	28.7
	1999—2017 年	9.9	4.6	46.6
邯郸市	1999—2008 年	12.5	6.4	51.0
	2009—2017 年	9.0	-0.5	-5.7
	1999—2017 年	10.7	2.9	26.7
邢台市	1999—2008 年	11.6	5.4	46.8
	2009—2017 年	8.5	0.9	10.4
	1999—2017 年	10.0	3.1	31.1
保定市	1999—2008 年	11.7	6.8	58.3
	2009—2017 年	9.3	2.1	22.6
	1999—2017 年	10.5	4.4	42.3
张家口市	1999—2008 年	10.9	5.3	48.2
	2009—2017 年	8.7	-0.5	-6.1
	1999—2017 年	9.8	2.3	23.8
承德市	1999—2008 年	12.9	6.0	46.6
	2009—2017 年	9.0	0.2	2.1
	1999—2017 年	11.0	3.1	28.0
沧州市	1999—2008 年	12.8	6.3	49.3
	2009—2017 年	9.8	0.4	4.2
	1999—2017 年	11.3	3.3	29.5
廊坊市	1999—2008 年	12.6	6.0	47.2
	2009—2017 年	9.5	2.0	21.4
	1999—2017 年	11.1	4.0	36.0

表5-2(续)

城市	时间区间	产出增长率	TFP 增长率	TFP 增长率对经济增长的贡献率
衡水市	1999—2008 年	9.8	4.8	49.2
	2009—2017 年	9.5	3.1	32.4
	1999—2017 年	9.7	4.0	40.9

注：表中“产出增长率”是指地区生产总值增长率，“TFP 增长率”是指地区全要素生产率增长率，“贡献”是指地区全要素生产率增长率对经济增长的贡献率。

（二）江苏省

江苏省除了省会南京市外，其余 12 个地级市经济增长核算结果见表 5-3。总体来看，1999—2008 年，12 个地级市经济增长率、全要素生产率增长率以及全要素生产率增长率对经济增长的贡献率均高于 2009—2017 年。分城市 TFP 增长率来看，徐州市、南通市、扬州市、镇江市和泰州市均超过 4%，无锡市、常州市、淮阴市、盐城市、宿迁市和苏州市高于 3%，连云港市最低，仅为 3.0%。分城市 TFP 增长率对经济增长的贡献率来看，南通市、扬州市、镇江市和泰州市在整个时间段内均超过 35%，无锡市、徐州市和盐城市则超过 30%，其余城市也超过 25%。

表 5-3　江苏省地级市经济增长核算结果　　单位:%

城市	时间区间	产出增长率	TFP 增长率	TFP 增长率对经济增长的贡献率
无锡市	1999—2008 年	14.0	5.6	40.2
	2009—2017 年	9.5	1.9	20.2
	1999—2017 年	11.8	3.8	32.1
徐州市	1999—2008 年	13.0	6.3	48.3
	2009—2017 年	11.3	2.3	19.9
	1999—2017 年	12.2	4.2	34.9
常州市	1999—2008 年	13.7	4.6	33.6
	2009—2017 年	10.6	2.4	23.1
	1999—2017 年	12.1	3.5	29.0

表5-3(续)

城市	时间区间	产出增长率	TFP 增长率	TFP 增长率对经济增长的贡献率
苏州市	1999—2008 年	14. 9	5. 6	37. 4
	2009—2017 年	9. 6	1. 1	11. 6
	1999—2017 年	12. 2	3. 3	27. 1
南通市	1999—2008 年	13. 5	7. 0	51. 9
	2009—2017 年	11. 1	2. 7	24. 2
	1999—2017 年	12. 3	4. 8	39. 2
连云港市	1999—2008 年	11. 7	3. 6	30. 8
	2009—2017 年	11. 2	2. 4	21. 5
	1999—2017 年	11. 5	3. 0	26. 2
淮阴市	1999—2008 年	13. 2	4. 3	32. 7
	2009—2017 年	11. 5	2. 7	23. 1
	1999—2017 年	12. 3	3. 5	28. 2
盐城市	1999—2008 年	12. 9	7. 1	55. 4
	2009—2017 年	11. 3	0. 7	5. 8
	1999—2017 年	12. 1	3. 8	31. 8
扬州市	1999—2008 年	13. 0	6. 1	47. 1
	2009—2017 年	11. 3	2. 5	21. 9
	1999—2017 年	12. 1	4. 3	35. 2
镇江市	1999—2008 年	13. 4	7. 7	57. 2
	2009—2017 年	11. 2	1. 8	15. 8
	1999—2017 年	12. 3	4. 7	38. 0
泰州市	1999—2008 年	13. 5	6. 7	49. 5
	2009—2017 年	11. 4	2. 4	21. 4
	1999—2017 年	12. 4	4. 5	36. 5
宿迁市	1999—2008 年	13. 1	4. 7	36. 2
	2009—2017 年	11. 4	1. 9	16. 5
	1999—2017 年	12. 2	3. 3	26. 9

（三）浙江省

浙江省除了省会杭州市外，其余 9 个地级市经济增长核算结果见表 5-4。总体来看，1999—2008 年，9 个地级市经济增长率、全要素生产率增长率以及全要素生产率增长率对经济增长的贡献率均高于 2009—2017 年。分城市 TFP 增长率来看，湖州市、绍兴市、金华市、衢州市和台州市均超过 4%，温州市、舟山市和丽水市高于 3%，嘉兴市最低，仅为 2.8%。分城市 TFP 增长率对经济增长的贡献率来看，金华市和台州市在整个时间段内均超过 40%，温州市、湖州市、绍兴市、衢州市和丽水市则超过 30%，其余城市也超过 20%。

表 5-4　浙江省地级市经济增长核算结果　单位:%

城市	时间区间	产出增长率	TFP 增长率	TFP 增长率对经济增长的贡献率
温州市	1999—2008 年	12.9	6.7	52.0
	2009—2017 年	8.3	0.6	6.9
	1999—2017 年	10.6	3.6	33.9
嘉兴市	1999—2008 年	13.8	13.1	29.8
	2009—2017 年	9.0	11.4	17.3
	1999—2017 年	11.4	12.2	24.9
湖州市	1999—2008 年	13.3	5.4	40.6
	2009—2017 年	9.4	3.0	32.4
	1999—2017 年	11.3	4.2	37.2
绍兴市	1999—2008 年	13.1	7.0	53.4
	2009—2017 年	8.5	1.6	19.2
	1999—2017 年	10.8	4.3	39.8
丽水市	1999—2008 年	13.6	5.8	42.7
	2009—2017 年	9.1	2.0	22.1
	1999—2017 年	11.3	3.9	34.4
金华市	1999—2008 年	13.0	6.7	51.5
	2009—2017 年	9.1	2.6	28.7
	1999—2017 年	11.0	4.6	42.0

表5-4(续)

城市	时间区间	产出增长率	TFP 增长率	TFP 增长率对经济增长的贡献率
衢州市	1999—2008 年	13. 6	6. 4	47. 2
	2009—2017 年	9. 1	1. 8	19. 9
	1999—2017 年	11. 3	4. 1	36. 1
舟山市	1999—2008 年	15. 1	7. 0	46. 6
	2009—2017 年	10. 2	0. 0	0. 2
	1999—2017 年	12. 6	3. 5	27. 4
台州市	1999—2008 年	13. 2	7. 5	56. 7
	2009—2017 年	8. 3	1. 7	20. 8
	1999—2017 年	10. 7	4. 6	42. 6

（四）福建省

福建省除了省会福州市外，其余 7 个地级市经济增长核算结果见表 5-5。总体来看，1999—2008 年，7 个地级市经济增长率、全要素生产率增长率以及全要素生产率增长率对经济增长的贡献率均高于 2009—2017 年。分城市 TFP 增长率来看，宁德市、莆田市、泉州市和漳州市均超过 4%，南平市和龙岩市高于 3%，三明市最低，仅为 2. 8%。分城市 TFP 增长率对经济增长的贡献率来看，泉州市和漳州市在整个时间段内均超过 40%，莆田市、龙岩市和宁德市则超过 30%，其余城市也超过 25%。

表 5-5　福建省地级市经济增长核算结果　　单位:%

城市	时间区间	产出增长率	TFP 增长率	TFP 增长率对经济增长的贡献率
莆田市	1999—2008 年	13. 8	8. 6	62. 4
	2009—2017 年	12. 0	0. 4	3. 4
	1999—2017 年	12. 9	4. 4	34. 3
三明市	1999—2008 年	10. 8	5. 3	49. 5
	2009—2017 年	10. 9	0. 4	3. 6
	1999—2017 年	10. 9	2. 8	26. 2

表5-5(续)

城市	时间区间	产出增长率	TFP 增长率	TFP 增长率对经济增长的贡献率
泉州市	1999—2008 年	13.3	8.0	60.4
	2009—2017 年	10.9	3.3	30.0
	1999—2017 年	12.1	5.6	46.5
漳州市	1999—2008 年	11.8	7.8	66.0
	2009—2017 年	12.2	3.2	25.8
	1999—2017 年	12.0	5.4	45.3
南平市	1999—2008 年	11.1	5.6	50.8
	2009—2017 年	10.3	0.6	5.8
	1999—2017 年	10.7	3.1	28.9
龙岩市	1999—2008 年	11.3	6.4	56.8
	2009—2017 年	11.0	0.4	3.5
	1999—2017 年	11.1	3.4	30.1
宁德市	1999—2008 年	11.2	6.7	60.0
	2009—2017 年	11.1	1.5	13.1
	1999—2017 年	11.1	4.0	36.3

（五）山东省

山东省除了省会济南市外，其余 15 个地级市经济增长核算结果见表 5-6。总体来看，1999—2008 年，15 个地级市经济增长率、全要素生产率增长率以及全要素生产率增长率对经济增长的贡献率均高于 2009—2017 年。分城市 TFP 增长率来看，淄博市、烟台市、济宁市、威海市、日照市、莱芜市、临沂市、德州市和菏泽市均超过 4%，枣庄市、潍坊市、泰安市、聊城市和滨州市高于 3%，东营市最低，仅为 2.3%。分城市 TFP 增长率对经济增长的贡献率来看，济宁市在整个时间段内均超过 40%，淄博市、烟台市、临沂市和菏泽市则超过 35%，威海市、日照市、莱芜市和德州市超过 30%，其余城市也超过 20%。

表 5-6　山东省地级市经济增长核算结果　　单位：%

城市	时间区间	产出增长率	TFP 增长率	TFP 增长率对经济增长的贡献率
淄博市	1999—2008 年	14.5	9.0	62.1
	2009—2017 年	9.8	0.7	6.8
	1999—2017 年	12.1	4.8	39.2
枣庄市	1999—2008 年	14.6	8.3	57.1
	2009—2017 年	9.6	-1.4	-14.4
	1999—2017 年	12.1	3.3	27.7
东营市	1999—2008 年	14.2	5.0	35.2
	2009—2017 年	10.2	-0.4	-3.7
	1999—2017 年	12.2	2.3	18.7
烟台市	1999—2008 年	15.0	7.3	48.9
	2009—2017 年	10.2	1.7	16.1
	1999—2017 年	12.6	4.5	35.4
聊城市	1999—2008 年	15.1	7.1	46.9
	2009—2017 年	10.5	-0.6	-6.0
	1999—2017 年	12.7	3.1	24.7
潍坊市	1999—2008 年	14.3	6.8	48.0
	2009—2017 年	10.0	0.2	2.0
	1999—2017 年	12.1	3.5	28.6
济宁市	1999—2008 年	14.8	9.0	60.8
	2009—2017 年	10.1	1.1	11.2
	1999—2017 年	12.5	5.0	40.1
泰安市	1999—2008 年	14.7	8.0	54.3
	2009—2017 年	10.2	-1.0	-9.6
	1999—2017 年	12.4	3.4	27.6
威海市	1999—2008 年	14.9	8.1	54.2
	2009—2017 年	10.1	0.6	6.1
	1999—2017 年	12.5	4.3	34.3

表5-6(续)

城市	时间区间	产出增长率	TFP 增长率	TFP 增长率对经济增长的贡献率
滨州市	1999—2008 年	15.3	7.0	45.9
	2009—2017 年	9.7	-0.7	-6.7
	1999—2017 年	12.5	3.1	25.0
日照市	1999—2008 年	15.3	8.8	57.3
	2009—2017 年	10.6	-0.3	-2.4
	1999—2017 年	12.9	4.2	32.1
莱芜市	1999—2008 年	15.0	8.2	55.1
	2009—2017 年	9.8	0.3	2.6
	1999—2017 年	12.3	4.2	33.8
临沂市	1999—2008 年	14.8	9.0	60.6
	2009—2017 年	10.4	0.8	7.4
	1999—2017 年	12.6	4.8	38.1
德州市	1999—2008 年	14.8	7.0	47.2
	2009—2017 年	10.3	1.6	15.3
	1999—2017 年	12.5	4.2	33.9
菏泽市	1999—2008 年	13.9	5.8	42.0
	2009—2017 年	11.6	3.7	32.0
	1999—2017 年	12.7	4.8	37.4

（六）广东省

广东省除了省会广州市外，其余 19 个地级市经济增长核算结果见表 5-7。总体来看，1999—2008 年，19 个地级市经济增长率、全要素生产率增长率以及全要素生产率增长率对经济增长的贡献率均高于 2009—2017 年。分城市 TFP 增长率来看，汕尾市、河源市、阳江市、清远市和揭阳市均超过 6%，江门市、茂名市、肇庆市、惠州市、潮州市和中山市高于 5%，珠海市、韶关市、佛山市、湛江市、梅州市和云浮市高于 4%，汕头市和东莞市最低，仅为 4%。分城市 TFP 增长率对经济增长的贡献率来看，江门市、茂名市、肇庆市、汕尾市、阳江市、潮州市和揭阳市在整个时间段内均超过 50%，汕头市、韶关市、湛江市、梅州市、河源市、清远市和云浮市则超过 40%，其余城市也超过 30%。

表 5-7　广东省地级市经济增长核算结果　单位:%

城市	时间区间	产出增长率	TFP 增长率	TFP 增长率对经济增长的贡献率
珠海市	1999—2008 年	13.3	6.2	46.8
	2009—2017 年	9.7	2.3	23.3
	1999—2017 年	11.5	4.2	36.8
汕头市	1999—2008 年	7.4	4.1	55.8
	2009—2017 年	10.2	3.9	38.7
	1999—2017 年	8.8	4.0	46.0
韶关市	1999—2008 年	11.9	6.6	56.0
	2009—2017 年	9.3	2.8	29.7
	1999—2017 年	10.6	4.7	44.3
佛山市	1999—2008 年	15.5	7.2	46.7
	2009—2017 年	10.0	2.4	24.4
	1999—2017 年	12.7	4.8	37.8
潮州市	1999—2008 年	10.5	6.0	56.9
	2009—2017 年	10.1	5.6	55.4
	1999—2017 年	10.3	5.8	56.2
江门市	1999—2008 年	12.2	7.7	63.4
	2009—2017 年	9.6	3.5	36.1
	1999—2017 年	10.9	5.6	51.2
湛江市	1999—2008 年	10.5	6.6	63.0
	2009—2017 年	10.2	3.1	29.9
	1999—2017 年	10.4	4.8	46.5
茂名市	1999—2008 年	9.6	5.3	55.2
	2009—2017 年	10.2	5.4	52.8
	1999—2017 年	9.9	5.3	53.9

表5-7(续)

城市	时间区间	产出增长率	TFP 增长率	TFP 增长率对经济增长的贡献率
肇庆市	1999—2008 年	12.2	7.3	60.2
	2009—2017 年	10.7	4.4	40.9
	1999—2017 年	11.4	5.8	51.1
揭阳市	1999—2008 年	11.0	8.0	73.3
	2009—2017 年	11.7	4.1	35.3
	1999—2017 年	11.3	6.1	53.5
惠州市	1999—2008 年	13.5	6.5	48.4
	2009—2017 年	11.8	3.5	29.6
	1999—2017 年	12.7	5.0	39.6
梅州市	1999—2008 年	9.7	4.9	50.0
	2009—2017 年	10.0	4.0	39.7
	1999—2017 年	9.9	4.4	44.7
汕尾市	1999—2008 年	13.5	8.3	61.4
	2009—2017 年	11.7	4.7	40.1
	1999—2017 年	12.6	6.5	51.4
河源市	1999—2008 年	17.5	10.9	62.6
	2009—2017 年	9.6	2.0	21.1
	1999—2017 年	13.4	6.4	47.4
云浮市	1999—2008 年	11.0	6.4	58.8
	2009—2017 年	10.7	3.5	32.2
	1999—2017 年	10.8	4.9	45.6
阳江市	1999—2008 年	12.4	8.2	65.9
	2009—2017 年	11.5	4.1	35.8
	1999—2017 年	11.9	6.1	51.3
清远市	1999—2008 年	17.6	10.0	56.8
	2009—2017 年	9.2	2.9	31.5
	1999—2017 年	13.3	6.4	48.0

表5-7(续)

城市	时间区间	产出增长率	TFP 增长率	TFP 增长率对经济增长的贡献率
东莞市	1999—2008 年	18.3	6.2	33.8
	2009—2017 年	7.9	1.9	24.0
	1999—2017 年	13.0	4.0	30.9
中山市	1999—2008 年	16.9	6.6	38.9
	2009—2017 年	9.8	3.7	37.7
	1999—2017 年	13.3	5.1	38.6

（七）海南省

海南省除了省会海口市外，其余 1 个地级市（三亚市）经济增长核算结果见表 5-8。总体来看，1999—2008 年，三亚市经济增长率、全要素生产率增长率以及全要素生产率增长率对经济增长的贡献率均高于 2009—2017 年。分城市 TFP 增长率来看，三亚市 TFP 增长率为-0.3%。分城市 TFP 增长率对经济增长的贡献率来看，三亚市在整个时间段内为-2.3%。

表 5-8 海南省地级市（三亚市）经济增长核算结果 单位:%

城市	时间区间	产出增长率	TFP 增长率	TFP 增长率对经济增长的贡献率
三亚市	1999—2008 年	14.0	4.3	30.5
	2009—2017 年	10.9	-4.7	-42.8
	1999—2017 年	12.4	-0.3	-2.3

二、中部地区

（一）山西省

山西省除了省会太原市外，其余 10 个地级市经济增长核算结果见表 5-9。总体来看，1999—2008 年，10 个地级市经济增长率、全要素生产率增长率以及全要素生产率增长率对经济增长的贡献率均高于 2009—2017 年。分城市 TFP 增长率来看，大同市、长治市、临汾市、运城市和晋城市均超过 1%，朔州市、阳泉市和晋中市高于 0，吕梁地区低于 0，忻州市最低，仅为-1%。分城市 TFP 增长率对经济增长的贡献率来看，大同市、长治市、临汾市、运城市和晋城市在整个时间段内均超过 10%，朔州市、阳泉市和晋中市则超过 0，其余城市为负数。

表 5-9　山西省地级市增长核算结果　　单位：%

城市	时间区间	产出增长率	TFP 增长率	TFP 增长率对经济增长的贡献率
大同市	1999—2008 年	11. 4	5. 1	44. 7
	2009—2017 年	7. 9	-1. 6	-20. 5
	1999—2017 年	9. 6	1. 7	17. 5
朔州市	1999—2008 年	12. 2	3. 6	29. 2
	2009—2017 年	8. 1	-3. 0	-37. 0
	1999—2017 年	10. 1	0. 2	2. 3
阳泉市	1999—2008 年	10. 0	3. 6	35. 7
	2009—2017 年	7. 1	-2. 6	-35. 9
	1999—2017 年	8. 5	0. 5	5. 4
长治市	1999—2008 年	12. 1	4. 5	37. 2
	2009—2017 年	7. 9	-2. 2	-28. 6
	1999—2017 年	10. 0	1. 1	10. 8
运城市	1999—2008 年	12. 7	4. 6	36. 4
	2009—2017 年	7. 7	-1. 2	-15. 8
	1999—2017 年	10. 2	1. 7	16. 3
忻州市	1999—2008 年	10. 1	3. 4	33. 5
	2009—2017 年	8. 0	-5. 2	-64. 2
	1999—2017 年	9. 1	-1. 0	-10. 8
吕梁地区	1999—2008 年	12. 6	2. 0	16. 2
	2009—2017 年	6. 9	-3. 7	-53. 6
	1999—2017 年	9. 7	-0. 9	-8. 9
晋中市	1999—2008 年	11. 7	3. 7	31. 4
	2009—2017 年	8. 6	-2. 8	-32. 3
	1999—2017 年	10. 1	0. 4	4. 0

表5-9(续)

城市	时间区间	产出增长率	TFP 增长率	TFP 增长率对经济增长的贡献率
临汾市	1999—2008 年	12.0	5.5	45.7
	2009—2017 年	7.5	-2.4	-32.3
	1999—2017 年	9.7	1.5	15.0
晋城市	1999—2008 年	12.0	4.5	37.1
	2009—2017 年	8.0	-1.3	-16.3
	1999—2017 年	10.0	1.5	15.3

（二）安徽省

安徽省除了省会合肥市外，其余 15 个地级市经济增长核算结果见表 5-10。总体来看，1999—2008 年，15 个地级市经济增长率、全要素生产率增长率以及全要素生产率增长率对经济增长的贡献率均高于 2009—2017 年。分城市 TFP 增长率来看，芜湖市、蚌埠市、铜陵市、安庆市、滁州市、阜阳市、宿州市和六安市均超过 3%，淮南市、马鞍山市、淮北市、黄山市、池州市和宣城市高于 2%，亳州市最低，仅为 1.9%。分城市 TFP 增长率对经济增长率贡献率来看，阜阳市、宿州市和六安市在整个时间段内均超过 30%，芜湖市、蚌埠市、淮南市、铜陵市、安庆市、黄山市、滁州市和宣城市则超过 25%，马鞍山市、淮北市和亳州市超过 20%，其余城市超过 10%。

表 5-10　安徽省地级市经济增长核算结果　　单位:%

城市	时间区间	产出增长率	TFP 增长率	TFP 增长率对经济增长的贡献率
芜湖市	1999—2008 年	13.2	5.3	40.4
	2009—2017 年	12.7	1.7	13.5
	1999—2017 年	13.0	3.5	27.1
蚌埠市	1999—2008 年	10.5	6.0	57.0
	2009—2017 年	11.5	0.4	3.5
	1999—2017 年	11.0	3.2	28.7

表5-10(续)

城市	时间区间	产出增长率	TFP 增长率	TFP 增长率对经济增长的贡献率
淮南市	1999—2008 年	11.4	5.4	47.6
	2009—2017 年	8.7	-0.3	-3.0
	1999—2017 年	10.0	2.5	25.3
马鞍山市	1999—2008 年	14.6	6.1	41.9
	2009—2017 年	11.0	-0.2	-1.4
	1999—2017 年	12.8	2.9	23.0
亳州市	1999—2008 年	7.9	1.7	21.0
	2009—2017 年	10.7	2.1	19.9
	1999—2017 年	9.3	1.9	20.4
淮北市	1999—2008 年	10.7	4.8	45.3
	2009—2017 年	9.5	-0.6	-5.9
	1999—2017 年	10.1	2.1	20.8
铜陵市	1999—2008 年	13.7	7.3	53.0
	2009—2017 年	11.3	-0.1	-0.8
	1999—2017 年	12.5	3.5	28.2
安庆市	1999—2008 年	10.3	4.1	39.5
	2009—2017 年	10.4	2.0	19.6
	1999—2017 年	10.4	3.0	29.4
黄山市	1999—2008 年	10.8	3.7	34.4
	2009—2017 年	9.7	1.5	15.5
	1999—2017 年	10.2	2.6	25.4
池州市	1999—2008 年	10.9	3.2	29.6
	2009—2017 年	10.8	1.1	10.1
	1999—2017 年	10.9	2.2	19.8
滁州市	1999—2008 年	8.4	4.3	51.0
	2009—2017 年	11.6	1.6	14.1
	1999—2017 年	10.0	3.0	29.6

表5-10(续)

城市	时间区间	产出增长率	TFP 增长率	TFP 增长率对经济增长的贡献率
阜阳市	1999—2008 年	6.2	2.7	44.0
	2009—2017 年	10.6	3.3	30.7
	1999—2017 年	8.4	3.0	35.7
宿州市	1999—2008 年	9.5	5.5	58.6
	2009—2017 年	11.0	1.6	14.2
	1999—2017 年	10.2	3.5	34.5
六安市	1999—2008 年	9.8	5.0	51.1
	2009—2017 年	9.8	1.4	14.2
	1999—2017 年	9.8	3.2	32.5
宣城市	1999—2008 年	9.7	3.6	37.7
	2009—2017 年	11.1	1.8	16.1
	1999—2017 年	10.4	2.7	26.1

（三）江西省

江西省除了省会南昌市外，其余 10 个地级市经济增长核算结果见表 5-11。总体来看，1999—2008 年，10 个地级市经济增长率、全要素生产率增长率以及全要素生产率增长率对经济增长的贡献率均高于 2009—2017 年。分城市 TFP 增长率来看，景德镇市、九江市和赣州市均超过 3%，萍乡市、新余市、吉安市、宜春市、抚州市和上饶市高于 2%，鹰潭市最低，仅为 2.0%。分城市 TFP 增长率对经济增长的贡献率来看，景德镇市在整个时间段内均超过 30%，九江市、赣州市和宜春市则超过 25%，萍乡市、吉安市、抚州市和上饶市超过 20%，其余城市超过 10%。

表 5-11　江西省地级市经济增长核算结果　　单位:%

城市	时间区间	产出增长率	TFP 增长率	TFP 增长率对经济增长的贡献率
景德镇市	1999—2008 年	13.7	7.5	54.7
	2009—2017 年	10.8	0.1	0.5
	1999—2017 年	12.3	3.7	30.3

表5-11(续)

城市	时间区间	产出增长率	TFP 增长率	TFP 增长率对经济增长的贡献率
萍乡市	1999—2008 年	13.4	5.9	44.1
	2009—2017 年	11.0	-0.8	-7.6
	1999—2017 年	12.2	2.5	20.4
九江市	1999—2008 年	13.1	6.3	47.7
	2009—2017 年	11.3	0.2	1.4
	1999—2017 年	12.2	3.2	25.9
新余市	1999—2008 年	15.1	5.9	38.9
	2009—2017 年	10.1	-1.3	-12.9
	1999—2017 年	12.6	2.2	17.6
抚州市	1999—2008 年	11.8	5.7	47.8
	2009—2017 年	11.0	0.0	0.0
	1999—2017 年	11.4	2.8	24.5
鹰潭市	1999—2008 年	13.6	5.6	41.5
	2009—2017 年	10.8	-1.5	-13.5
	1999—2017 年	12.2	2.0	16.7
赣州市	1999—2008 年	11.4	6.9	60.2
	2009—2017 年	11.2	-0.3	-2.6
	1999—2017 年	11.3	3.2	28.6
吉安市	1999—2008 年	12.0	6.6	54.6
	2009—2017 年	11.2	-0.9	-8.3
	1999—2017 年	11.6	2.8	23.7
宜春市	1999—2008 年	11.3	6.3	56.0
	2009—2017 年	11.1	-0.4	-3.5
	1999—2017 年	11.2	2.9	26.1
上饶市	1999—2008 年	12.6	5.1	40.4
	2009—2017 年	11.1	0.3	2.3
	1999—2017 年	11.8	2.6	22.3

（四）河南省

河南省除了省会郑州市外，其余 16 个地级市经济增长核算结果见表 5-12。总体来看，1999—2008 年，10 个地级市经济增长率、全要素生产率增长率以及全要素生产率增长率对经济增长的贡献率均高于 2009—2017 年。分城市 TFP 增长率来看，鹤壁市、濮阳市、许昌市和漯河市均超过 4%，开封市、平顶山市、安阳市、新乡市、焦作市、三门峡市、南阳市、商丘市、周口市、驻马店市和洛阳市高于 3%，信阳市最低，仅为 2.9%。分城市 TFP 增长率对经济增长的贡献率来看，开封市、濮阳市、许昌市、漯河市、周口市和驻马店市在整个时间段内均超过 35%，平顶山市、安阳市、鹤壁市、新乡市、焦作市、三门峡市、南阳市、商丘市和洛阳市则超过 30%，其余城市超过 20%。

表 5-12　河南省地级市经济增长核算结果　　单位：%

城市	时间区间	产出增长率	TFP 增长率	TFP 增长率对经济增长的贡献率
开封市	1999—2008 年	10.7	6.1	56.6
	2009—2017 年	10.5	1.9	17.9
	1999—2017 年	10.6	3.9	37.3
平顶山市	1999—2008 年	12.4	7.7	61.5
	2009—2017 年	8.3	-1.1	-13.3
	1999—2017 年	10.4	3.2	30.7
安阳市	1999—2008 年	13.3	7.3	54.7
	2009—2017 年	9.3	0.3	3.2
	1999—2017 年	11.3	3.7	33.1
鹤壁市	1999—2008 年	14.3	8.1	56.7
	2009—2017 年	10.7	0.0	0.4
	1999—2017 年	12.5	4.0	32.0
新乡市	1999—2008 年	12.7	6.4	50.6
	2009—2017 年	10.5	1.2	11.2
	1999—2017 年	11.6	3.8	32.6

表5-12(续)

城市	时间区间	产出增长率	TFP 增长率	TFP 增长率对经济增长的贡献率
焦作市	1999—2008 年	14. 4	7. 2	49. 9
	2009—2017 年	10. 2	0. 3	3. 2
	1999—2017 年	12. 3	3. 7	30. 2
濮阳市	1999—2008 年	12. 5	6. 7	53. 1
	2009—2017 年	10. 5	1. 7	15. 9
	1999—2017 年	11. 5	4. 1	35. 9
许昌市	1999—2008 年	12. 8	7. 2	56. 4
	2009—2017 年	11. 1	1. 8	16. 6
	1999—2017 年	11. 9	4. 5	37. 6
漯河市	1999—2008 年	12. 5	7. 6	60. 7
	2009—2017 年	10. 5	1. 3	12. 3
	1999—2017 年	11. 5	4. 4	38. 2
三门峡市	1999—2008 年	12. 7	6. 9	54. 1
	2009—2017 年	9. 9	0. 2	1. 7
	1999—2017 年	11. 3	3. 5	30. 7
南阳市	1999—2008 年	11. 7	6. 4	54. 5
	2009—2017 年	9. 4	0. 9	9. 8
	1999—2017 年	10. 5	3. 6	34. 3
商丘市	1999—2008 年	11. 4	5. 7	50. 4
	2009—2017 年	9. 9	1. 0	9. 7
	1999—2017 年	10. 6	3. 3	31. 2

(五) 湖北省

湖北省除了省会武汉市外，其余 12 个地级市经济增长核算结果见表 5-13。总体来看，1999—2008 年，12 个地级市经济增长率、全要素生产率增长率以及全要素生产率增长率对经济增长的贡献率均高于 2009—2017 年。分城市 TFP 增长率来看，黄石市、宜昌市、鄂州市、黄冈市和襄阳市均超过 4%，十堰市、荆州市、荆门市、孝感市、咸宁市和随州市高于 2. 5%，恩施土家族苗族自治州最低，仅为2.1%。分城市TFP增长率对经济增长的贡献率来看，鄂州市在整个时间段内均超过40%，黄石市、鄂州市、宜昌市、荆门市、随州市、襄阳市和黄冈市则超过30%，其余城市超过20%。

表5-13　湖北省地级市经济增长核算结果　　单位:%

城市	时间区间	产出增长率	TFP增长率	TFP增长率对经济增长的贡献率
黄石市	1999—2008年	11.9	7.7	65.0
	2009—2017年	10.3	1.2	12.0
	1999—2017年	11.1	4.4	39.9
十堰市	1999—2008年	10.1	5.0	50.0
	2009—2017年	11.0	1.0	8.9
	1999—2017年	10.5	3.0	28.4
荆州市	1999—2008年	9.5	6.7	70.5
	2009—2017年	10.5	1.2	11.8
	1999—2017年	10.0	3.9	39.3
宜昌市	1999—2008年	12.0	6.4	53.3
	2009—2017年	11.1	2.7	24.1
	1999—2017年	11.6	4.5	39.1
襄阳市	1999—2008年	11.1	7.8	70.1
	2009—2017年	11.7	1.1	9.5
	1999—2017年	11.4	4.4	38.6
鄂州市	1999—2008年	12.0	8.7	72.8
	2009—2017年	11.4	0.9	7.6
	1999—2017年	11.7	4.7	40.3
荆门市	1999—2008年	10.8	5.6	52.1
	2009—2017年	11.5	2.0	17.8
	1999—2017年	11.1	3.8	34.3
孝感市	1999—2008年	10.8	6.5	60.6
	2009—2017年	11.1	0.0	0.3
	1999—2017年	10.9	3.2	29.5

表5-13(续)

城市	时间区间	产出增长率	TFP 增长率	TFP 增长率对经济增长的贡献率
黄冈市	1999—2008 年	9.9	6.4	65.1
	2009—2017 年	10.9	1.8	16.4
	1999—2017 年	10.4	4.1	39.4
咸宁市	1999—2008 年	11.6	5.9	50.7
	2009—2017 年	11.4	-0.2	-1.8
	1999—2017 年	11.5	2.8	24.3
随州市	1999—2008 年	10.5	6.4	61.1
	2009—2017 年	11.1	0.7	6.2
	1999—2017 年	10.8	3.5	32.6
恩施土家族苗族自治州	1999—2008 年	7.3	1.8	25.1
	2009—2017 年	10.8	2.4	21.9
	1999—2017 年	9.1	2.1	23.2

（六）湖南省

湖南省除了省会长沙市外，其余 13 个地级市经济增长核算结果见表 5-14。总体来看，1999—2008 年，13 个地级市经济增长率、全要素生产率增长率以及全要素生产率增长率对经济增长的贡献率均高于 2009—2017 年。分城市 TFP 增长率来看，株洲市、湘潭市、常德市、张家界市、益阳市、永州市和怀化市均超过 5%，衡阳市、邵阳市、岳阳市、郴州市和娄底市高于 3.5%，湘西土家族苗族自治州最低，仅为 2.3%。分城市 TFP 增长率对经济增长的贡献率来看，常德市在整个时间段内均超过 50%，株洲市、湘潭市、衡阳市、张家界市、益阳市、永州市、怀化市和娄底市则超过 40%，邵阳市、岳阳市、郴州市超过 30%，其余城市超过 20%。

表 5-14　湖南省地级市经济增长核算结果　　单位:%

城市	时间区间	产出增长率	TFP 增长率	TFP 增长率对经济增长的贡献率
株洲市	1999—2008 年	11.9	7.9	66.5
	2009—2017 年	11.3	2.4	20.8
	1999—2017 年	11.6	5.1	43.9

表5-14(续)

城市	时间区间	产出增长率	TFP 增长率	TFP 增长率对经济增长的贡献率
湘潭市	1999—2008 年	12. 3	7. 8	63. 3
	2009—2017 年	11. 5	3. 1	27. 3
	1999—2017 年	11. 9	5. 4	45. 7
衡阳市	1999—2008 年	11. 0	7. 4	66. 9
	2009—2017 年	11. 2	2. 6	22. 8
	1999—2017 年	11. 1	4. 9	44. 4
邵阳市	1999—2008 年	9. 6	5. 2	54. 1
	2009—2017 年	10. 9	2. 7	25. 0
	1999—2017 年	10. 3	4. 0	38. 5
娄底市	1999—2008 年	10. 5	6. 7	63. 4
	2009—2017 年	10. 5	2. 8	26. 3
	1999—2017 年	10. 5	4. 7	44. 8
岳阳市	1999—2008 年	12. 0	5. 5	45. 8
	2009—2017 年	10. 9	2. 0	18. 0
	1999—2017 年	11. 4	3. 7	32. 5
常德市	1999—2008 年	11. 7	8. 9	76. 2
	2009—2017 年	11. 0	2. 7	24. 4
	1999—2017 年	11. 4	5. 8	50. 7
张家界市	1999—2008 年	11. 4	7. 0	61. 8
	2009—2017 年	10. 6	3. 8	35. 5
	1999—2017 年	11. 0	5. 4	49. 0
益阳市	1999—2008 年	10. 7	7. 7	71. 9
	2009—2017 年	10. 9	2. 8	25. 7
	1999—2017 年	10. 8	5. 2	48. 3
湘西土家族苗族自治州	1999—2008 年	9. 2	3. 4	36. 8
	2009—2017 年	8. 2	1. 2	14. 6
	1999—2017 年	8. 7	2. 3	26. 3

表5-14(续)

城市	时间区间	产出增长率	TFP 增长率	TFP 增长率对经济增长的贡献率
郴州市	1999—2008 年	10. 6	5. 4	51. 1
	2009—2017 年	11. 6	2. 2	19. 0
	1999—2017 年	11. 1	3. 8	34. 3
永州市	1999—2008 年	11. 0	6. 9	62. 8
	2009—2017 年	10. 8	3. 1	28. 3
	1999—2017 年	10. 9	5. 0	45. 6
怀化市	1999—2008 年	10. 5	7. 2	68. 3
	2009—2017 年	10. 4	3. 0	28. 5
	1999—2017 年	10. 5	5. 0	48. 3

三、西部地区

(一) 内蒙古自治区

内蒙古自治区除了首府呼和浩特市外，其余 11 个地级市经济增长核算结果见表 5-15。总体来看，1999—2008 年，11 个地级市经济增长率、全要素生产率增长率以及全要素生产率增长率对经济增长的贡献率均高于 2009—2017 年。分城市 TFP 增长率来看，乌海市和乌兰察布市均超过 5%，包头市、鄂尔多斯市和巴彦淖尔市高于 4%，赤峰市、通辽市、呼伦贝尔市、阿拉善盟、锡林郭勒盟高于 2. 5%，兴安盟最低，仅为 1. 9%。分城市 TFP 增长率对经济增长的贡献率来看，乌海市、赤峰市、巴彦淖尔市和乌兰察布市在整个时间段内均超过 30%，包头市、通辽市、鄂尔多斯市、呼伦贝尔市和阿拉善盟则超过 20%，其余城市超过 10%。

表 5-15　内蒙古自治区地级市经济增长核算结果　　单位:%

城市	时间区间	产出增长率	TFP 增长率	TFP 增长率对经济增长的贡献率
包头市	1999—2008 年	20. 2	9. 0	44. 3
	2009—2017 年	11. 1	0. 5	4. 1
	1999—2017 年	15. 6	4. 6	29. 7

表5-15(续)

城市	时间区间	产出增长率	TFP 增长率	TFP 增长率对经济增长的贡献率
乌海市	1999—2008 年	19.9	9.1	45.6
	2009—2017 年	12.4	1.3	10.8
	1999—2017 年	16.1	5.1	31.9
赤峰市	1999—2008 年	15.7	7.3	46.8
	2009—2017 年	10.7	0.7	6.1
	1999—2017 年	13.2	3.9	30.0
通辽市	1999—2008 年	17.6	7.6	43.3
	2009—2017 年	10.4	-0.4	-4.1
	1999—2017 年	13.9	3.5	25.3
鄂尔多斯市	1999—2008 年	23.2	8.9	38.3
	2009—2017 年	11.9	-0.1	-0.8
	1999—2017 年	17.4	4.3	24.7
呼伦贝尔市	1999—2008 年	15.7	7.3	46.5
	2009—2017 年	10.2	-0.8	-8.3
	1999—2017 年	12.9	3.2	24.4
巴彦淖尔市	1999—2008 年	15.0	6.5	43.6
	2009—2017 年	9.7	1.5	14.9
	1999—2017 年	12.3	4.0	32.1
乌兰察布市	1999—2008 年	16.7	8.9	53.6
	2009—2017 年	10.0	1.7	17.1
	1999—2017 年	13.3	5.3	39.6
锡林郭勒盟	1999—2008 年	15.9	4.5	28.2
	2009—2017 年	10.3	0.5	5.2
	1999—2017 年	13.1	2.5	19.0
兴安盟	1999—2008 年	11.9	5.5	46.3
	2009—2017 年	10.1	-1.6	-15.6
	1999—2017 年	11.0	1.9	17.3

表5-15(续)

城市	时间区间	产出增长率	TFP 增长率	TFP 增长率对经济增长的贡献率
阿拉善盟	1999—2008 年	20.3	8.2	40.2
	2009—2017 年	12.4	-0.5	-4.2
	1999—2017 年	16.3	3.7	22.8

（二）广西壮族自治区

广西壮族自治区除了首府南宁市外，其余 13 个地级市经济增长核算结果见表 5-16。总体来看，1999—2008 年，13 个地级市经济增长率、全要素生产率增长率以及全要素生产率增长率对经济增长的贡献率均高于 2009—2017 年。分城市 TFP 增长率来看，桂林市、北海市、防城港市、钦州市和崇左市均超过 5%，柳州市、梧州市、贵港市、百色市、贺州市、来宾市和玉林市高于 3%，河池市最低，仅为 2.7%。分城市 TFP 增长率对经济增长的贡献率来看，北海市和崇左市在整个时间段内均超过 50%，桂林市、钦州市则超过 40%，其余城市超过 30%。

表 5-16　广西壮族自治区地级市经济增长核算结果　　单位:%

城市	时间区间	产出增长率	TFP 增长率	TFP 增长率对经济增长的贡献率
柳州市	1999—2008 年	13.3	8.6	64.8
	2009—2017 年	10.5	-0.4	-4.1
	1999—2017 年	11.9	4.0	33.6
桂林市	1999—2008 年	11.7	7.3	62.6
	2009—2017 年	10.0	3.2	31.8
	1999—2017 年	10.8	5.2	48.3
梧州市	1999—2008 年	12.2	7.8	64.0
	2009—2017 年	11.5	1.7	14.9
	1999—2017 年	11.9	4.7	39.7
北海市	1999—2008 年	12.8	9.3	72.5
	2009—2017 年	14.3	6.2	43.2
	1999—2017 年	13.6	7.7	57.0

表5-16(续)

城市	时间区间	产出增长率	TFP 增长率	TFP 增长率对经济增长的贡献率
来宾市	1999—2008 年	11.5	6.0	52.0
	2009—2017 年	8.7	1.8	20.5
	1999—2017 年	10.1	3.9	38.3
防城港市	1999—2008 年	14.2	7.9	55.8
	2009—2017 年	12.9	2.7	21.1
	1999—2017 年	13.5	5.3	39.0
钦州市	1999—2008 年	11.7	6.1	51.9
	2009—2017 年	12.0	4.3	35.4
	1999—2017 年	11.9	5.2	43.5
贵港市	1999—2008 年	11.6	6.0	51.5
	2009—2017 年	9.2	0.8	8.6
	1999—2017 年	10.4	3.4	32.2
玉林市	1999—2008 年	11.3	6.8	60.4
	2009—2017 年	10.5	1.8	17.6
	1999—2017 年	10.9	4.3	39.5
崇左市	1999—2008 年	10.8	7.1	66.0
	2009—2017 年	10.2	3.6	35.1
	1999—2017 年	10.5	5.3	50.8
百色市	1999—2008 年	12.6	5.2	41.6
	2009—2017 年	9.9	2.1	21.5
	1999—2017 年	11.2	3.7	32.7
贺州市	1999—2008 年	10.3	5.0	49.2
	2009—2017 年	9.0	1.8	20.4
	1999—2017 年	9.6	3.4	35.6
河池市	1999—2008 年	9.2	4.7	51.0
	2009—2017 年	6.0	0.7	12.2
	1999—2017 年	7.6	2.7	35.5

（三）四川省

四川省除了省会成都市外，其余20个地级市经济增长核算结果见表5-17。总体来看，1999—2008年，20个地级市经济增长率、全要素生产率增长率以及全要素生产率增长率对经济增长的贡献率均高于2009—2017年。分城市TFP增长率来看，自贡市、内江市和资阳市均超过6%，泸州市、德阳市、遂宁市、乐山市、南充市、宜宾市、广安市和绵阳市高于5%，攀枝花市、广元市、眉山市、达州市、雅安市、巴中市、凉山彝族自治州、阿坝藏族羌族自治州高于0，甘孜藏族自治州最低，为-0.1%。分城市TFP增长率对经济增长的贡献率来看，自贡市、德阳市、内江市和资阳市在整个时间段内均超过50%，攀枝花市、泸州市、绵阳市、遂宁市、乐山市、南充市、眉山市、宜宾市和广安市则超过40%，甘孜藏族自治州为-0.8%，其余城市超过0。

表5-17　四川省地级市经济增长核算结果　　单位:%

城市	时间区间	产出增长率	TFP增长率	TFP增长率对经济增长的贡献率
自贡市	1999—2008年	12.2	8.8	72.2
	2009—2017年	11.4	3.5	30.8
	1999—2017年	11.8	6.1	51.9
攀枝花市	1999—2008年	12.2	6.8	56.0
	2009—2017年	11.0	3.0	26.9
	1999—2017年	11.6	4.9	42.1
泸州市	1999—2008年	11.6	8.4	72.6
	2009—2017年	12.7	2.3	18.6
	1999—2017年	12.1	5.3	44.0
德阳市	1999—2008年	11.0	8.8	80.5
	2009—2017年	11.3	2.9	25.4
	1999—2017年	11.1	5.8	52.2
资阳市	1999—2008年	11.8	9.6	81.7
	2009—2017年	11.8	2.8	24.0
	1999—2017年	11.8	6.2	52.3

表5-17(续)

城市	时间区间	产出增长率	TFP 增长率	TFP 增长率对经济增长的贡献率
绵阳市	1999—2008 年	9.9	6.9	69.9
	2009—2017 年	11.4	3.4	29.7
	1999—2017 年	10.6	5.1	48.1
广元市	1999—2008 年	8.3	3.9	47.8
	2009—2017 年	11.6	1.7	14.8
	1999—2017 年	9.9	2.8	28.5
遂宁市	1999—2008 年	11.8	8.1	68.4
	2009—2017 年	12.2	1.9	15.8
	1999—2017 年	12.0	5.0	41.2
内江市	1999—2008 年	12.4	9.2	73.9
	2009—2017 年	11.4	3.6	32.0
	1999—2017 年	11.9	6.4	53.6
阿坝藏族羌族自治州	1999—2008 年	5.2	-2.1	-39.9
	2009—2017 年	12.6	2.9	23.2
	1999—2017 年	8.8	0.4	4.5
乐山市	1999—2008 年	12.9	8.3	64.0
	2009—2017 年	11.6	2.8	24.3
	1999—2017 年	12.2	5.5	44.9
南充市	1999—2008 年	12.4	10.0	80.3
	2009—2017 年	11.3	0.9	8.0
	1999—2017 年	11.9	5.4	45.2
眉山市	1999—2008 年	12.2	7.0	57.7
	2009—2017 年	11.6	2.6	22.4
	1999—2017 年	11.9	4.8	40.3
宜宾市	1999—2008 年	13.1	8.3	63.2
	2009—2017 年	11.3	2.4	21.3
	1999—2017 年	12.2	5.3	43.5

表5-17(续)

城市	时间区间	产出增长率	TFP 增长率	TFP 增长率对经济增长的贡献率
甘孜藏族自治州	1999—2008 年	10.3	0.7	6.6
	2009—2017 年	9.7	-0.8	-8.7
	1999—2017 年	10.0	-0.1	-0.8
广安市	1999—2008 年	12.4	8.3	66.6
	2009—2017 年	11.9	1.8	15.5
	1999—2017 年	12.1	5.0	41.2
达州市	1999—2008 年	11.9	6.8	57.0
	2009—2017 年	10.5	1.0	9.5
	1999—2017 年	11.2	3.9	34.3
雅安市	1999—2008 年	11.4	5.2	45.8
	2009—2017 年	11.0	2.3	21.1
	1999—2017 年	11.2	3.8	33.6
巴中市	1999—2008 年	10.0	5.9	58.6
	2009—2017 年	11.3	-0.5	-4.1
	1999—2017 年	10.7	2.6	24.8
凉山彝族自治州	1999—2008 年	12.7	6.7	52.6
	2009—2017 年	10.4	0.6	5.7
	1999—2017 年	11.5	3.6	31.0

（四）贵州省

贵州省除了省会贵阳市外，其余 8 个地级市经济增长核算结果见表 5-28。总体来看，1999—2008 年，8 个地级市经济增长率、全要素生产率增长率以及全要素生产率增长率对经济增长的贡献率均高于 2009—2017 年。分城市 TFP 增长率来看，遵义市和黔南布依族苗族自治州均超过 6%，六盘水市、安顺市、毕节市、黔西南布依族苗族自治州和黔东南苗族侗族自治州高于 5%，铜仁市最低，仅为 3.7%。分城市 TFP 增长率对经济增长的贡献率来看，遵义市和黔南布依族苗族自治州在整个时间段内均超过 50%，六盘水市、安顺市、毕节市、黔西南布依族苗族自治州和黔东南苗族侗族自治州则超过 40%，其余城市超过 30%。

表 5-18 贵州省地级市经济增长核算结果 单位:%

城市	时间区间	产出增长率	TFP 增长率	TFP 增长率对经济增长的贡献率
六盘水市	1999—2008 年	14.0	6.9	49.5
	2009—2017 年	13.8	4.6	32.9
	1999—2017 年	13.9	5.7	41.2
遵义市	1999—2008 年	11.6	8.1	69.5
	2009—2017 年	14.0	6.1	43.8
	1999—2017 年	12.8	7.1	55.4
安顺市	1999—2008 年	10.8	7.1	65.3
	2009—2017 年	13.7	4.5	32.9
	1999—2017 年	12.2	5.8	47.2
铜仁市	1999—2008 年	10.8	4.7	43.7
	2009—2017 年	13.6	2.7	19.9
	1999—2017 年	12.2	3.7	30.4
毕节市	1999—2008 年	12.2	6.9	56.2
	2009—2017 年	14.4	4.3	30.0
	1999—2017 年	13.3	5.6	42.0
黔西南布依族苗族自治州	1999—2008 年	11.8	5.9	50.4
	2009—2017 年	13.9	5.0	36.4
	1999—2017 年	12.8	5.5	42.9
黔东南苗族侗族自治州	1999—2008 年	10.9	5.3	49.0
	2009—2017 年	13.5	5.4	40.3
	1999—2017 年	12.2	5.4	44.3
黔南布依族苗族自治州	1999—2008 年	10.6	6.7	63.3
	2009—2017 年	14.2	5.8	41.0
	1999—2017 年	12.4	6.3	50.6

（五）云南省

云南省除了省会昆明市外，其余 15 个地级市经济增长核算结果见表 5-19。总体来看，1999—2008 年，15 个地级市经济增长率、全要素生产率增长率以及全要素生产率增长率对经济增长的贡献率均高于2009—2017年。分城市TFP增长率来看，曲靖市、保山市、文山壮族苗族自治州、楚雄彝族自治州、迪庆藏族自治州和大理白族自治州均超过4%，玉溪市、昭通市、普洱市、临沧市、红河哈尼族彝族自治州、西双版纳傣族自治州和怒江傈僳族自治州超过3%，德宏傣族景颇族自治州和丽江市最低，仅为3.0%。分城市TFP增长率对经济增长的贡献率来看，玉溪市、保山市、楚雄彝族自治州和大理白族自治州在整个时间段内均超过40%，曲靖市、昭通市、普洱市、文山壮族苗族自治州、红河哈尼族彝族自治州、西双版纳傣族自治州和怒江傈僳族自治州则超过30%，其余城市超过20%。

表5-19 云南省地级市经济增长核算结果 单位:%

城市	时间区间	产出增长率	TFP增长率	TFP增长率对经济增长的贡献率
曲靖市	1999—2008年	11.2	5.1	45.6
	2009—2017年	10.6	2.9	27.1
	1999—2017年	10.9	4.0	36.6
玉溪市	1999—2008年	5.8	2.5	42.6
	2009—2017年	10.3	4.5	43.7
	1999—2017年	8.0	3.5	43.3
保山市	1999—2008年	10.4	5.4	52.0
	2009—2017年	12.4	3.9	31.4
	1999—2017年	11.4	4.6	40.8
昭通市	1999—2008年	8.6	3.4	39.2
	2009—2017年	11.3	3.2	28.4
	1999—2017年	9.9	3.3	33.1
德宏傣族景颇族自治州	1999—2008年	9.2	3.4	37.1
	2009—2017年	11.5	2.6	22.8
	1999—2017年	10.3	3.0	29.1
丽江市	1999—2008年	11.3	3.6	32.0
	2009—2017年	11.6	2.5	21.5
	1999—2017年	11.4	3.0	26.6

表5-19(续)

城市	时间区间	产出增长率	TFP 增长率	TFP 增长率对经济增长的贡献率
普洱市	1999—2008 年	10.6	3.8	35.7
	2009—2017 年	12.2	3.1	25.6
	1999—2017 年	11.4	3.5	30.3
临沧市	1999—2008 年	10.5	4.6	43.5
	2009—2017 年	12.3	1.7	13.7
	1999—2017 年	11.4	3.1	27.3
文山壮族苗族自治州	1999—2008 年	11.6	3.8	32.9
	2009—2017 年	12.3	4.4	35.7
	1999—2017 年	11.9	4.1	34.3
怒江傈僳族自治州	1999—2008 年	12.9	5.9	45.9
	2009—2017 年	10.3	1.5	14.4
	1999—2017 年	11.6	3.7	31.7
红河哈尼族彝族自治州	1999—2008 年	10.7	4.9	46.1
	2009—2017 年	11.3	2.0	17.9
	1999—2017 年	11.0	3.5	31.5
西双版纳傣族自治州	1999—2008 年	9.6	3.4	35.9
	2009—2017 年	11.6	4.1	35.0
	1999—2017 年	10.6	3.8	35.4
楚雄彝族自治州	1999—2008 年	10.5	6.1	58.1
	2009—2017 年	11.4	3.0	26.5
	1999—2017 年	10.9	4.5	41.6
大理白族自治州	1999—2008 年	10.9	6.3	57.8
	2009—2017 年	11.5	4.9	42.4
	1999—2017 年	11.2	5.6	49.9
迪庆藏族自治州	1999—2008 年	16.3	5.0	31.0
	2009—2017 年	14.1	3.8	26.8
	1999—2017 年	15.2	4.4	29.0

（六）西藏自治区

西藏自治区除了首府拉萨市外，其余 6 个地级市经济增长核算结果见表 5-20。总体来看，1999—2008 年，6 个地级市经济增长率、全要素生产率增长率以及全要素生产率增长率对经济增长的贡献率均高于 2009—2017 年。分城市 TFP 增长率来看，日喀则市、林芝市均超过 4%，昌都市、山南市和阿里地区高于 3%，那曲市最低，仅为 3.2%。分城市 TFP 增长率对经济增长的贡献率来看，日喀则市、昌都市、林芝市和山南市在整个时间段内均超过 30%，其余城市超过 20%。

表 5-20　西藏自治区地级市经济增长核算结果　　单位:%

城市	时间区间	产出增长率	TFP 增长率	TFP 增长率对经济增长的贡献率
日喀则市	1999—2008 年	13.4	6.8	50.4
	2009—2017 年	11.2	1.7	15.1
	1999—2017 年	12.3	4.2	34.1
昌都市	1999—2008 年	12.1	5.8	47.6
	2009—2017 年	11.2	1.3	11.7
	1999—2017 年	11.7	3.5	30.1
林芝市	1999—2008 年	14.8	7.2	48.6
	2009—2017 年	11.7	1.4	12.3
	1999—2017 年	13.3	4.3	32.3
山南市	1999—2008 年	14.3	6.8	47.6
	2009—2017 年	11.6	1.2	10.0
	1999—2017 年	12.9	3.9	30.5
那曲市	1999—2008 年	12.6	6.1	48.6
	2009—2017 年	10.6	0.3	3.1
	1999—2017 年	11.6	3.2	27.4
阿里地区	1999—2008 年	14.5	6.4	43.8
	2009—2017 年	10.8	1.2	10.7
	1999—2017 年	12.6	3.7	29.4

（七）陕西省

陕西省除了省会西安市外，其余9个地级市经济增长核算结果见表5-21。总体来看，1999—2008年，9个地级市经济增长率、全要素生产率增长率以及全要素生产率增长率对经济增长的贡献率均高于2009—2017年。分城市TFP增长率来看，铜川市和汉中市均超过3%，宝鸡市、咸阳市和安康市高于2%，渭南市、榆林市、商洛市高于1%，延安市最低，仅为-0.6%。分城市TFP增长率对经济增长的贡献率来看，铜川市和汉中市在整个时间段内均超过30%，宝鸡市、咸阳市和安康市超过20%，延安市为-5.6%，其余城市超过9%。

表5-21　陕西省地级市经济增长核算结果　　单位:%

城市	时间区间	产出增长率	TFP增长率	TFP增长率对经济增长的贡献率
铜川市	1999—2008年	12.1	7.2	59.1
	2009—2017年	12.2	0.5	4.3
	1999—2017年	12.1	3.8	31.2
宝鸡市	1999—2008年	12.6	6.7	53.7
	2009—2017年	12.3	-1.0	-7.9
	1999—2017年	12.5	2.8	22.6
咸阳市	1999—2008年	12.0	6.6	54.6
	2009—2017年	11.7	-0.6	-5.3
	1999—2017年	11.9	2.9	24.5
渭南市	1999—2008年	10.6	5.5	52.4
	2009—2017年	11.7	-3.0	-25.5
	1999—2017年	11.1	1.2	10.7
商洛市	1999—2008年	10.6	4.0	38.0
	2009—2017年	12.5	-1.4	-11.5
	1999—2017年	11.5	1.2	10.8
延安市	1999—2008年	13.5	3.8	28.2
	2009—2017年	7.8	-4.8	-62.0
	1999—2017年	10.6	-0.6	-5.6

表5-21(续)

城市	时间区间	产出增长率	TFP 增长率	TFP 增长率对经济增长的贡献率
汉中市	1999—2008 年	9.8	5.6	57.3
	2009—2017 年	12.5	2.1	16.6
	1999—2017 年	11.2	3.8	34.4
榆林市	1999—2008 年	16.7	4.6	27.7
	2009—2017 年	10.5	-2.1	-19.7
	1999—2017 年	13.5	1.2	9.0
安康市	1999—2008 年	9.4	3.3	35.4
	2009—2017 年	13.3	2.4	17.9
	1999—2017 年	11.3	2.9	25.2

（八）甘肃省

甘肃省除了省会兰州市外，其余 13 个地级市经济增长核算结果见表 5-22。总体来看，1999—2008 年，13 个地级市经济增长率、全要素生产率增长率以及全要素生产率增长率对经济增长的贡献率均高于 2009—2017 年。分城市 TFP 增长率来看，金昌市、白银市、嘉峪关市和张掖市均超过 4%，天水市、武威市、平凉市、庆阳市、定西市、陇南市和临夏回族自治州均高于 2%，酒泉市高于 1%，甘南藏族自治州最低，仅为 0.4%。分城市 TFP 增长率对经济增长的贡献率来看，金昌市、白银市和张掖市在整个时间段内均超过 40%，天水市、嘉峪关市和临夏回族自治州超过 30%，武威市、平凉市、酒泉市、庆阳市、定西市和陇南市超过 15%，其余城市超过 4%。

表 5-22　甘肃省地级市经济增长核算结果　　单位:%

城市	时间区间	产出增长率	TFP 增长率	TFP 增长率对经济增长的贡献率
金昌市	1999—2008 年	13.8	8.1	58.5
	2009—2017 年	10.1	2.5	24.9
	1999—2017 年	12.0	5.3	44.1

表5-22(续)

城市	时间区间	产出增长率	TFP 增长率	TFP 增长率对经济增长的贡献率
白银市	1999—2008 年	11. 5	7. 6	65. 7
	2009—2017 年	9. 8	1. 7	17. 4
	1999—2017 年	10. 7	4. 6	43. 1
天水市	1999—2008 年	10. 7	6. 3	58. 7
	2009—2017 年	9. 9	0. 0	0. 1
	1999—2017 年	10. 3	3. 1	30. 1
嘉峪关市	1999—2008 年	13. 1	3. 2	24. 5
	2009—2017 年	11. 5	6. 4	55. 7
	1999—2017 年	12. 3	4. 8	39. 0
甘南藏族自治州	1999—2008 年	10. 6	3. 8	35. 6
	2009—2017 年	8. 8	-2. 9	-32. 7
	1999—2017 年	9. 7	0. 4	4. 1
武威市	1999—2008 年	11. 3	6. 7	59. 2
	2009—2017 年	9. 5	-0. 7	-7. 3
	1999—2017 年	10. 4	2. 9	28. 2
张掖市	1999—2008 年	10. 6	5. 2	49. 3
	2009—2017 年	9. 4	3. 4	36. 4
	1999—2017 年	10. 0	4. 3	43. 2
平凉市	1999—2008 年	11. 1	5. 0	45. 2
	2009—2017 年	10. 0	1. 0	9. 9
	1999—2017 年	10. 6	3. 0	28. 3
酒泉市	1999—2008 年	11. 6	5. 9	51. 1
	2009—2017 年	10. 4	-2. 0	-19. 4
	1999—2017 年	11. 0	1. 9	17. 1
临夏回族自治州	1999—2008 年	10. 5	5. 7	54. 6
	2009—2017 年	10. 6	0. 9	9. 0
	1999—2017 年	10. 5	3. 3	31. 4

表5-22(续)

城市	时间区间	产出增长率	TFP 增长率	TFP 增长率对经济增长的贡献率
庆阳市	1999—2008 年	11.2	3.9	34.7
	2009—2017 年	11.6	0.2	2.0
	1999—2017 年	11.4	2.0	17.9
定西市	1999—2008 年	10.2	5.6	54.6
	2009—2017 年	9.7	-1.2	-12.4
	1999—2017 年	10.0	2.1	21.5
陇南市	1999—2008 年	10.6	6.9	65.1
	2009—2017 年	9.8	-1.9	-19.5
	1999—2017 年	10.2	2.4	23.6

（九）青海省

青海省除了省会西宁市外，其余 7 个地级市经济增长核算结果见表 5-23。总体来看，1999—2008 年，7 个地级市经济增长率、全要素生产率增长率以及全要素生产率增长率对经济增长的贡献率均高于 2009—2017 年。分城市 TFP 增长率来看，海东市和海西蒙古族藏族自治州均超过 4%，海南藏族自治州高于 0，海北藏族自治州、黄南藏族自治州和玉树藏族自治州低于 -1.2%，果洛藏族自治州最低，为-1.4%。分城市 TFP 增长率对经济增长的贡献率来看，海东市和海西蒙古族藏族自治州在整个时间段内均超过 30%，海南藏族自治州超过 2%，其余城市为负数。

表 5-23　青海省地级市经济增长核算结果　　单位:%

城市	时间区间	产出增长率	TFP 增长率	TFP 增长率对经济增长的贡献率
海东市	1999—2008 年	12.5	7.8	62.3
	2009—2017 年	14.0	2.5	18.0
	1999—2017 年	13.3	5.1	38.6
海北藏族自治州	1999—2008 年	11.7	1.9	16.3
	2009—2017 年	8.9	-3.3	-37.0
	1999—2017 年	10.3	-0.7	-7.0

表5-23(续)

城市	时间区间	产出增长率	TFP 增长率	TFP 增长率对经济增长的贡献率
黄南藏族自治州	1999—2008 年	7.8	2.3	29.2
	2009—2017 年	6.5	-4.5	-69.6
	1999—2017 年	7.1	-1.2	-16.8
海南藏族自治州	1999—2008 年	11.5	2.3	20.3
	2009—2017 年	10.2	-1.8	-17.7
	1999—2017 年	10.8	0.2	2.2
果洛藏族自治州	1999—2008 年	9.5	2.8	29.8
	2009—2017 年	8.9	-5.5	-62.0
	1999—2017 年	9.2	-1.4	-15.5
玉树藏族自治州	1999—2008 年	10.6	3.1	29.3
	2009—2017 年	8.9	-5.3	-60.2
	1999—2017 年	9.8	-1.2	-12.3
海西蒙古族藏族自治州	1999—2008 年	17.6	8.2	46.8
	2009—2017 年	11.0	1.0	9.2
	1999—2017 年	14.2	4.6	32.1

（十）宁夏回族自治区

宁夏回族自治区除了首府银川市外，其余 4 个地级市经济增长核算结果见表 5-24。总体来看，1999—2008 年，4 个地级市经济增长率、全要素生产率增长率以及全要素生产率增长率对经济增长的贡献率均高于 2009—2017 年。分城市 TFP 增长率来看，石嘴山市、吴忠市和固原市均超过 3%，中卫市最低，仅为 1.5%。分城市 TFP 增长率对经济增长的贡献率来看，石嘴山市在整个时间段内均超过 30%，吴忠市和固原市超过 25%，中卫市为 14.3%。

表 5-24　宁夏地级市经济增长核算结果　　单位:%

城市	时间区间	产出增长率	TFP 增长率	TFP 增长率对经济增长的贡献率
石嘴山市	1999—2008 年	12.0	5.7	47.3
	2009—2017 年	9.9	1.0	9.7
	1999—2017 年	10.9	3.3	30.0
吴忠市	1999—2008 年	11.8	6.2	52.5
	2009—2017 年	10.5	0.5	5.1
	1999—2017 年	11.1	3.3	29.9
固原市	1999—2008 年	11.4	5.1	44.4
	2009—2017 年	10.6	1.1	9.9
	1999—2017 年	11.0	3.0	27.6
中卫市	1999—2008 年	11.8	3.4	28.5
	2009—2017 年	9.9	-0.2	-2.4
	1999—2017 年	10.8	1.5	14.3

（十一）新疆维吾尔自治区

新疆维吾尔自治区除了首府乌鲁木齐市外，其余 13 个地级市经济增长核算结果见表 5-25。总体来看，1999—2008 年，13 个地级市经济增长率、全要素生产率增长率以及全要素生产率增长率对经济增长的贡献率均高于 2009—2017 年。分城市 TFP 增长率来看，吐鲁番市、哈密市、阿克苏地区、塔城地区和昌吉回族自治州均超过 4%，和田地区、喀什地区、阿勒泰地区、克孜勒苏柯尔克孜自治州、巴音郭楞蒙古自治州、博尔塔拉蒙古自治州和伊犁哈萨克自治州高于 1.5%，克拉玛依市最低，仅为-0.8%。分城市 TFP 增长率对经济增长的贡献率来看，吐鲁番市、哈密市、阿克苏地区、塔城地区和博尔塔拉蒙古自治州在整个时间段内均超过 30%，和田地区、喀什地区、阿勒泰地区、克孜勒苏柯尔克孜自治州、巴音郭楞蒙古自治州、昌吉回族自治州和伊犁哈萨克自治州超过 10%，克拉玛依市为负数。

表 5-25　新疆维吾尔自治区地级市经济增长核算结果　　单位：%

城市	时间区间	产出增长率	TFP 增长率	TFP 增长率对经济增长的贡献率
克拉玛依市	1999—2008 年	8.3	-0.6	-7.4
	2009—2017 年	4.7	-0.9	-19.5
	1999—2017 年	6.5	-0.8	-11.8
吐鲁番市	1999—2008 年	17.7	11.6	65.8
	2009—2017 年	5.0	-2.0	-40.3
	1999—2017 年	11.2	4.6	41.2
哈密市	1999—2008 年	12.7	8.1	64.0
	2009—2017 年	16.0	3.3	20.5
	1999—2017 年	14.3	5.7	39.6
和田地区	1999—2008 年	9.8	3.5	35.4
	2009—2017 年	11.5	-0.5	-4.2
	1999—2017 年	10.6	1.5	13.9
博尔塔拉蒙古自治州	1999—2008 年	10.7	5.1	47.8
	2009—2017 年	13.0	2.5	19.1
	1999—2017 年	11.8	3.8	32.0
阿克苏地区	1999—2008 年	11.9	6.2	52.2
	2009—2017 年	12.6	1.8	14.4
	1999—2017 年	12.3	4.0	32.6
喀什地区	1999—2008 年	14.6	8.0	55.1
	2009—2017 年	12.1	-1.4	-11.7
	1999—2017 年	13.3	3.2	24.0
塔城地区	1999—2008 年	11.1	6.7	59.9
	2009—2017 年	11.8	2.5	21.4
	1999—2017 年	11.4	4.6	40.0
阿勒泰地区	1999—2008 年	10.8	4.2	39.1
	2009—2017 年	9.7	-0.2	-1.9
	1999—2017 年	10.3	2.0	19.5

表5-25(续)

城市	时间区间	产出增长率	TFP 增长率	TFP 增长率对经济增长的贡献率
伊犁哈萨克自治州	1999—2008 年	11.6	5.3	45.3
	2009—2017 年	12.0	-1.0	-8.2
	1999—2017 年	11.8	2.1	17.8
克孜勒苏柯尔克孜自治州	1999—2008 年	11.1	4.7	42.5
	2009—2017 年	13.0	-0.3	-2.4
	1999—2017 年	12.0	2.2	18.0
巴音郭楞蒙古自治州	1999—2008 年	12.7	5.2	41.2
	2009—2017 年	6.8	-1.7	-25.2
	1999—2017 年	9.7	1.7	17.5
昌吉回族自治州	1999—2008 年	13.3	6.8	51.4
	2009—2017 年	13.6	1.3	9.3
	1999—2017 年	13.5	4.0	29.8

四、东北地区

（一）辽宁省

辽宁省除了省会沈阳市和大连市外，其余 12 个地级市经济增长核算结果见表 5-26。总体来看，1999—2008 年，12 个地级市经济增长率、全要素生产率增长率以及全要素生产率增长率对经济增长的贡献率均高于 2009—2017 年。分城市 TFP 增长率来看，鞍山市和葫芦岛市均超过 5%，抚顺市、本溪市、丹东市、锦州市、营口市和辽阳市高于 4%，阜新市、铁岭市和朝阳市高于 2%，盘锦市最低，仅为 0.4%。分城市 TFP 增长率对经济增长的贡献率来看，鞍山市、抚顺市、本溪市、丹东市、锦州市、辽阳市和葫芦岛市在整个时间段内均超过 40%，营口市、阜新市、铁岭市和朝阳市超过 25%，盘锦市为 4.9%。

表 5-26　辽宁省地级市经济增长核算结果　　单位:%

城市	时间区间	产出增长率	TFP 增长率	TFP 增长率对经济增长的贡献率
鞍山市	1999—2008 年	13.8	10.0	72.3
	2009—2017 年	6.9	1.0	15.0
	1999—2017 年	10.3	5.4	52.5
抚顺市	1999—2008 年	13.2	7.7	58.6
	2009—2017 年	7.2	1.8	24.2
	1999—2017 年	10.2	4.7	46.2
本溪市	1999—2008 年	13.2	8.3	62.5
	2009—2017 年	7.4	1.3	17.8
	1999—2017 年	10.3	4.7	46.0
丹东市	1999—2008 年	13.2	8.7	65.9
	2009—2017 年	7.5	0.7	9.4
	1999—2017 年	10.3	4.6	44.9
锦州市	1999—2008 年	13.6	9.3	68.4
	2009—2017 年	7.6	0.2	2.2
	1999—2017 年	10.6	4.7	44.1
营口市	1999—2008 年	16.9	7.6	44.6
	2009—2017 年	8.7	0.6	6.9
	1999—2017 年	12.7	4.0	31.5
阜新市	1999—2008 年	13.6	6.9	51.1
	2009—2017 年	5.4	-0.6	-10.1
	1999—2017 年	9.4	3.1	33.1
辽阳市	1999—2008 年	13.6	7.4	54.3
	2009—2017 年	8.1	2.0	24.4
	1999—2017 年	10.8	4.7	43.0
盘锦市	1999—2008 年	7.7	-0.9	-11.9
	2009—2017 年	8.0	1.7	21.2
	1999—2017 年	7.9	0.4	4.9

表5-26(续)

城市	时间区间	产出增长率	TFP 增长率	TFP 增长率对经济增长的贡献率
铁岭市	1999—2008 年	15.2	7.8	51.4
	2009—2017 年	5.7	-1.0	-18.1
	1999—2017 年	10.3	3.3	31.9
朝阳市	1999—2008 年	14.0	6.6	47.2
	2009—2017 年	6.7	-1.2	-17.3
	1999—2017 年	10.3	2.7	25.8
葫芦岛市	1999—2008 年	13.3	8.6	64.3
	2009—2017 年	7.2	1.6	21.7
	1999—2017 年	10.2	5.0	49.0

（二）吉林省

吉林省除了省会长春市外，其余 8 个地级市经济增长核算结果见表 5-27。总体来看，1999—2008 年，8 个地级市经济增长率、全要素生产率增长率以及全要素生产率增长率对经济增长的贡献率均高于 2009—2017 年。分城市 TFP 增长率来看，吉林市、四平市、白山市和白城市均超过 3%，通化市高于 2.8%，辽源市、松原市和延边朝鲜族自治州最低，仅为 2.6%。分城市 TFP 增长率对经济增长的贡献率来看，四平市在整个时间段内均超过 40%，其余城市为 20%以上。

表 5-27　吉林省地级市经济增长核算结果　　单位:%

城市	时间区间	产出增长率	TFP 增长率	TFP 增长率对经济增长的贡献率
吉林市	1999—2008 年	13.9	8.1	58.5
	2009—2017 年	8.9	-1.4	-15.3
	1999—2017 年	11.4	3.3	28.8
四平市	1999—2008 年	15.8	12.0	76.2
	2009—2017 年	9.7	-0.8	-7.8
	1999—2017 年	12.7	5.4	42.9

表5-27(续)

城市	时间区间	产出增长率	TFP 增长率	TFP 增长率对经济增长的贡献率
辽源市	1999—2008 年	15. 1	7. 4	48. 8
	2009—2017 年	10. 4	-1. 9	-18. 4
	1999—2017 年	12. 8	2. 6	20. 6
通化市	1999—2008 年	14. 6	8. 3	57. 2
	2009—2017 年	8. 3	-2. 5	-30. 0
	1999—2017 年	11. 4	2. 8	24. 3
白山市	1999—2008 年	14. 0	8. 4	60. 1
	2009—2017 年	10. 9	-1. 8	-16. 2
	1999—2017 年	12. 4	3. 2	25. 8
松原市	1999—2008 年	15. 2	9. 5	62. 1
	2009—2017 年	8. 4	-3. 9	-46. 5
	1999—2017 年	11. 8	2. 6	21. 7
白城市	1999—2008 年	15. 5	8. 7	55. 9
	2009—2017 年	11. 0	-1. 4	-12. 4
	1999—2017 年	13. 2	3. 5	26. 7
延边朝鲜族自治州	1999—2008 年	11. 7	6. 1	51. 8
	2009—2017 年	9. 9	-0. 8	-8. 3
	1999—2017 年	10. 8	2. 6	23. 7

（三）黑龙江省

黑龙江省除了省会哈尔滨市外，其余 12 个地级市经济增长核算结果见表 5-28。总体来看，1999—2008 年，12 个地级市经济增长率、全要素生产率增长率以及全要素生产率增长率对经济增长的贡献率均高于 2009—2017 年。分城市 TFP 增长率来看，鸡西市、佳木斯市、绥化市、大兴安岭地区均超过 4%，齐齐哈尔市、大庆市、牡丹江市、七台河市和黑河市高于 3%，双鸭山市为 2. 3%，鹤岗市为 1. 8%，伊春市最低，仅为 1. 5%。分城市 TFP 增长率对经济增长的贡献率来看，鸡西市、大庆市、绥化市和大兴安岭地区在整个时间段内均超过 40%，齐齐哈尔市、牡丹江市、佳木斯市、七台河市和黑河市超过

30%，其余城市为19%以上。

表5-28 黑龙江省地级市经济增长核算结果　　单位:%

城市	时间区间	产出增长率	TFP 增长率	TFP 增长率对经济增长的贡献率
齐齐哈尔市	1999—2008年	10.1	6.9	68.6
	2009—2017年	9.0	0.7	7.8
	1999—2017年	9.6	3.8	39.4
鹤岗市	1999—2008年	10.5	4.6	44.1
	2009—2017年	4.9	-0.9	-18.8
	1999—2017年	7.7	1.8	23.6
双鸭山市	1999—2008年	11.5	6.3	54.4
	2009—2017年	7.2	-1.5	-20.2
	1999—2017年	9.3	2.3	24.9
鸡西市	1999—2008年	11.1	8.2	74.5
	2009—2017年	8.4	1.4	16.2
	1999—2017年	9.7	4.7	48.9
大庆市	1999—2008年	9.7	5.6	57.3
	2009—2017年	6.5	1.3	19.3
	1999—2017年	8.1	3.4	41.8
伊春市	1999—2008年	10.0	4.5	44.5
	2009—2017年	5.8	-1.4	-23.5
	1999—2017年	7.9	1.5	19.1
牡丹江市	1999—2008年	10.8	7.1	65.8
	2009—2017年	11.4	-0.3	-2.7
	1999—2017年	11.1	3.3	30.1
佳木斯市	1999—2008年	11.3	7.6	67.0
	2009—2017年	10.7	1.2	11.4
	1999—2017年	11.0	4.4	39.6

表5-28(续)

城市	时间区间	产出增长率	TFP 增长率	TFP 增长率对经济增长的贡献率
七台河市	1999—2008 年	12.8	6.8	52.6
	2009—2017 年	6.5	-0.6	-9.8
	1999—2017 年	9.6	3.0	31.2
黑河市	1999—2008 年	9.4	6.2	65.5
	2009—2017 年	9.3	0.7	7.1
	1999—2017 年	9.4	3.4	36.1
绥化市	1999—2008 年	10.2	8.5	83.1
	2009—2017 年	10.2	1.7	16.4
	1999—2017 年	10.2	5.0	49.2
大兴安岭地区	1999—2008 年	7.5	4.6	62.4
	2009—2017 年	10.0	4.1	41.5
	1999—2017 年	8.7	4.4	50.5

第三节　技术进步方向比较及其结构性影响因素分析

一、平均技术进步偏向比较

我们按照第四章的方法计算出 300 个地级市的平均技术进步偏向，结果见表 5-29。统计分析表中平均技术进步偏向指数可见，最大值为-0.000 138 7，最小值为-0.000 155 3 ，均值为-0.000 148 5，标准偏误为 2.98e-06，这表明各地区差异不大，但是地区间差异相对于 32 个省会城市与副省级城市较大。各省之间也存在相当大的差异，其中平均技术进步偏向最低为-0.000 153 1，最高达到-0.000 146 3。

表 5-29　300 个其他地级市平均技术进步偏向

省、自治区	地区（市、地区、自治州、盟）	技术进步偏向
河北	唐山	-0.000 143 9
	秦皇岛	-0.000 145 7
	邯郸	-0.000 147 8
	邢台	-0.000 148 1
	保定	-0.000 147 9
	张家口	-0.000 148 8
	承德	-0.000 148 7
	沧州	-0.000 148 4
	廊坊	-0.000 144 5
	衡水	-0.000 146 8
山西	大同	-0.000 147 3
	朔州	-0.000 147 8
	阳泉	-0.000 146 5
	长治	-0.000 148
	忻州	-0.000 150 6
	吕梁	-0.000 150 2
	晋中	-0.000 149 2
	临汾	-0.000 149 2
	运城	-0.000 150 2
	晋城	-0.000 147 6

表5-29(续)

省、自治区	地区（市、地区、自治州、盟）	技术进步偏向
内蒙古	包头	-0.000 143 7
	乌海	-0.000 144 9
	赤峰	-0.000 149 5
	通辽	-0.000 148 1
	鄂尔多斯	-0.000 143 6
	呼伦贝尔	-0.000 146 5
	巴彦淖尔	-0.000 146 3
	乌兰察布	-0.000 148 7
	锡林郭勒	-0.000 145 1
	兴安	-0.000 149 4
	阿拉善	-0.000 144
福建	三明	-0.000 145 7
	泉州	-0.000 145 4
	漳州	-0.000 145 8
	南平	-0.000 147
	龙岩	-0.000 147 6
	宁德	-0.000 148 2
江西	景德镇	-0.000 148 3
	萍乡	-0.000 148 1
	九江	-0.000 150 1
	新余	-0.000 146 8
	鹰潭	-0.000 149 7
	赣州	-0.000 151 9
	吉安	-0.000 151
	宜春	-0.000 150 8
	抚州	-0.000 150 7
	上饶	-0.000 152

表5-29(续)

省、自治区	地区（市、地区、自治州、盟）	技术进步偏向
山东	淄博	-0.000 143 9
	枣庄	-0.000 148 4
	东营	-0.000 141 2
	烟台	-0.000 143 1
	潍坊	-0.000 145 7
	济宁	-0.000 147 3
	泰安	-0.000 147 4
	威海	-0.000 141 8
	日照	-0.000 147 5
	莱芜	-0.000 146 4
	临沂	-0.000 149 1
	德州	-0.000 148 1
	聊城	-0.000 149 5
	滨州	-0.000 147 5
	菏泽	-0.000 152 3
广西	贺州	-0.000 149 6
	河池	-0.000 15
	来宾	-0.000 149 9
	崇左	-0.000 148 6
海南	三亚	-0.000 147 2

表5-29(续)

省、自治区	地区（市、地区、自治州、盟）	技术进步偏向
四川	自贡	-0.000 150 1
	攀枝花	-0.000 144 9
	泸州	-0.000 150 5
	德阳	-0.000 148 2
	绵阳	-0.000 148 2
	广元	-0.000 151
	遂宁	-0.000 149 6
	内江	-0.000 150 3
	乐山	-0.000 149 5
	南充	-0.000 151 3
	眉山	-0.000 15
	宜宾	-0.000 151 1
	广安	-0.000 151
	达州	-0.000 151
	雅安	-0.000 148 8
	巴中	-0.000 152 4
	资阳	-0.000 151
	阿坝	-0.000 147 6
	甘孜	-0.000 150 3
	凉山	-0.000 151 5
贵州	六盘水	-0.000 150 8
	遵义	-0.000 150 6
	安顺	-0.000 152 9
	铜仁	-0.000 155 1
	毕节	-0.000 155 3
	黔西南	-0.000 153 6
	黔东南	-0.000 153 3
	黔南	-0.000 152 9

表5-29(续)

省、自治区	地区（市、地区、自治州、盟）	技术进步偏向
辽宁	鞍山	-0.000 142
	抚顺	-0.000 144 9
	本溪	-0.000 144 5
	丹东	-0.000 146 2
	锦州	-0.000 147 7
	营口	-0.000 146 2
	阜新	-0.000 149 7
	辽阳	-0.000 145 2
	盘锦	-0.000 142 8
	铁岭	-0.000 147 8
	朝阳	-0.000 151
	葫芦岛	-0.000 147 5
吉林	吉林	-0.000 143 4
	四平	-0.000 148
	辽源	-0.000 147
	通化	-0.000 146 7
	白山	-0.000 145 6
	松原	-0.000 147 4
	白城	-0.000 149 1
	延边	-0.000 146 5

表5-29(续)

省、自治区	地区（市、地区、自治州、盟）	技术进步偏向
黑龙江	齐齐哈尔	-0.000 149 2
	鹤岗	-0.000 146 5
	双鸭山	-0.000 146 5
	鸡西	-0.000 147 2
	大庆	-0.000 140 4
	伊春	-0.000 147 5
	牡丹江	-0.000 146 8
	佳木斯	-0.000 148 3
	七台河	-0.000 146 8
	黑河	-0.000 147 9
	绥化	-0.000 149
	大兴安岭	-0.000 145 4
江苏	无锡	-0.000 140 2
	徐州	-0.000 145 7
	常州	-0.000 142 9
	苏州	-0.000 141 3
	南通	-0.000 144 8
	连云港	-0.000 146 3
	淮阴	-0.000 147 4
	盐城	-0.000 146 1
	扬州	-0.000 144 8
	镇江	-0.000 142 8
	泰州	-0.000 145 6
	宿迁	-0.000 149 4

表5-29(续)

省、自治区	地区（市、地区、自治州、盟）	技术进步偏向
河南	开封	-0.000 150 8
	洛阳	-0.000 147 7
	平顶山	-0.000 149 3
	安阳	-0.000 150 1
	鹤壁	-0.000 148 6
	新乡	-0.000 148 7
	焦作	-0.000 147 7
	濮阳	-0.000 149 5
	许昌	-0.000 148 4
	漯河	-0.000 148 9
	三门峡	-0.000 146 6
	南阳	-0.000 149 9
	商丘	-0.000 151 8
	信阳	-0.000 151 2
	周口	-0.000 152 6
	驻马店	-0.000 152 8
湖北	黄石	-0.000 146 9
	十堰	-0.000 149 8
	荆州	-0.000 147 3
	宜昌	-0.000 146 3
	襄樊	-0.000 138 7
	鄂州	-0.000 150 7
	荆门	-0.000 150 1
	孝感	-0.000 15
	黄冈	-0.000 149 4
	咸宁	-0.000 148 9
	随州	-0.000 149 8
	恩施	-0.000 152 2

表5-29(续)

省、自治区	地区（市、地区、自治州、盟）	技术进步偏向
湖南	株洲	-0.000 147 3
	湘潭	-0.000 147
	衡阳	-0.000 150 4
	邵阳	-0.000 152 6
	岳阳	-0.000 148 2
	常德	-0.000 148 9
	张家界	-0.000 150 5
	益阳	-0.000 150 2
	郴州	-0.000 149 4
	永州	-0.000 150 2
云南	曲靖	-0.000 151 3
	玉溪	-0.000 146
	保山	-0.000 152 6
	昭通	-0.000 154 2
	丽江	-0.000 151 2
	普洱	-0.000 153 6
	临沧	-0.000 152 7
	文山	-0.000 155 1
	红河	-0.000 150
	西双版纳	-0.000 149
	楚雄	-0.000 151 1
	大理	-0.000 151 2
	德宏	-0.000 151 4
	怒江	-0.000 151 8
	迪庆	-0.000 149 4

表5-29(续)

省、自治区	地区（市、地区、自治州、盟）	技术进步偏向
西藏	日喀则	-0.000 151 5
	昌都	-0.000 150 5
	林芝	-0.000 145 6
	山南	-0.000 149 8
	那曲	-0.000 151
	阿里	-0.000 147 4
陕西	铜川	-0.000 148 1
	宝鸡	-0.000 148 1
	咸阳	-0.000 148 5
	渭南	-0.000 152 2
	延安	-0.000 147 7
	汉中	-0.000 150 7
	榆林	-0.000 150 3
	安康	-0.000 151 3
	商洛	-0.000 151 4
甘肃	金昌	-0.000 146 5
	白银	-0.000 149 4
	天水	-0.000 153 1
	嘉峪关	-0.000 143 3
	武威	-0.000 151 3
	张掖	-0.000 149 1
	平凉	-0.000 151 6
	酒泉	-0.000 146 1
	庆阳	-0.000 151 6
	定西	-0.000 154 4
	陇南	-0.000 154 4
	临夏	-0.000 154 4
	甘南	-0.000 152 3

表5-29(续)

省、自治区	地区（市、地区、自治州、盟）	技术进步偏向
浙江	温州	-0.000 146 1
	嘉兴	-0.000 143 9
	湖州	-0.000 143 9
	绍兴	-0.000 143 2
	金华	-0.000 145 5
	衢州	-0.000 146 3
	舟山	-0.000 144 6
	台州	-0.000 145 4
	丽水	-0.000 147 8
安徽	芜湖	-0.000 146 3
	蚌埠	-0.000 149 1
	淮南	-0.000 150 7
	马鞍山	-0.000 146 4
	淮北	-0.000 148 3
	铜陵	-0.000 149 7
	安庆	-0.000 149 7
	黄山	-0.000 148
	滁州	-0.000 149 2
	阜阳	-0.000 151 8
	宿州	-0.000 152 2
	六安	-0.000 152 7
	亳州	-0.000 152 9
	池州	-0.000 150 4
	宣城	-0.000 148 6
福建	莆田	-0.000 148 8
湖南	怀化	-0.000 150 9
	娄底	-0.000 150 1
	湘西	-0.000 153 1

表5-29(续)

省、自治区	地区（市、地区、自治州、盟）	技术进步偏向
广东	珠海	-0.000 142 5
	汕头	-0.000 145 6
	韶关	-0.000 146 5
	佛山	-0.000 143 4
	江门	-0.000 144 7
	湛江	-0.000 148 3
	茂名	-0.000 147 2
	肇庆	-0.000 145 7
	惠州	-0.000 145 9
	梅州	-0.000 150 2
	汕尾	-0.000 147 8
	河源	-0.000 149 9
	阳江	-0.000 147 9
	清远	-0.000 149 1
	东莞	-0.000 149 7
	中山	-0.000 145 5
	潮州	-0.000 147 4
	揭阳	-0.000 147 4
	云浮	-0.000 147 3
广西	柳州	-0.000 149 1
	桂林	-0.000 147 9
	梧州	-0.000 150 3
	北海	-0.000 146
	防城港	-0.000 147 5
	钦州	-0.000 151 5
	贵港	-0.000 153 2
	玉林	-0.000 152 1
	百色	-0.000 150 9

表5-29(续)

省、自治区	地区（市、地区、自治州、盟）	技术进步偏向
青海	海东	-0.000 150 7
	海北	-0.000 151
	黄南	-0.000 148 7
	海南	-0.000 150 6
	果洛	-0.000 150 6
	玉树	-0.000 150 8
	海西	-0.000 142 6
宁夏	石嘴山	-0.000 145
	吴忠	-0.000 147 5
	固原	-0.000 153 2
	中卫	-0.000 151
新疆	克拉玛依	-0.000 138 9
	吐鲁番	-0.000 145 5
	哈密	-0.000 146
	和田	-0.000 153 7
	阿克苏	-0.000 149 7
	喀什	-0.000 152 1
	塔城	-0.000 147 3
	阿勒泰	-0.000 146 8
	克孜勒苏	-0.000 151 7
	巴音郭楞	-0.000 143 3
	昌吉	-0.000 146 3
	博尔塔拉	-0.000 148
	伊犁	-0.000 152 3

二、二元经济结构与技术进步偏向

我们对 300 个其他地级市面板数据用固定效应回归方法进行分析，结果见表 5-30。从表中可以看出，人均收入水平和人均资本存量的对数均对偏向有显著的负面影响，这意味着经济发展程度越高，技术进步越偏向于劳动。对于我们关注的核心解释变量（dual，就业结构）而言，无论有没有添加控制变量，其系数都显著为正，这同样表明：二元经济结构程度越高，即第一产业就业占比越高，技术进步越偏向于资本。

表 5-30　300 个其他地级市平均技术进步偏向

变量	(1)	(2)	(3)	(4)
Dual	0. 000 643 *** (6. 36e-05)	7. 06e-05 *** (1. 63e-05)	7. 23e-05 *** (1. 66e-05)	5. 87e-05 *** (1. 48e-05)
lny		-0. 000 193 *** (3. 32e-06)		-5. 04e-05 *** (8. 71e-06)
lnk			-0. 000 154 *** (2. 58e-06)	-0. 000 117 *** (6. 68e-06)
Constant	-0. 000 404 *** (2. 98e-05)	0. 001 79 *** (3. 68e-05)	0. 001 54 *** (3. 16e-05)	0. 001 65 *** (3. 42e-05)
R-squared	0. 302	0. 882	0. 919	0. 924

第六章　主要结论

本章综合分析全书，得出如下主要结论：

（1）从省级层面总体来看，以十年为时间段，改革开放 40 年（1978—2017 年）来，第一个十年技术进步速度较快，对经济增长的贡献较大，而且随着改革开放的深入推进，第二个十年和第三个十年中，技术进步的作用进一步增强，但是在最近的十年中，随着经济增长放缓，技术进步速度及其对经济增长的贡献在下降。

（2）从地级数据层面总体来看，1999—2007 年技术进步速度和对经济增长的贡献远高于 2008—2017 年，分时段异质性非常明显，基本印证了省级层面的结论。

（3）技术进步速度分地区差异明显。以省级层面数据分四大地区来看，2018 年东部（10 省、直辖市）、中部（6 省）、西部（12 省、直辖市、自治区）、东北（3 省）基本数据比较见表 6-1。东部国土面积不到全国的 1/10，但是承载的人口超过全国的 40%，地区生产总值占比为全国的 55%，人均生产总值占比超过全国的 35%。中部与东北地区人均生产总值相差无几，但比西部高。

表 6-1　2018 年不同区域基本数据比较

区域	生产总值		人口		国土面积		人均生产总值	
	数额/亿元	占全国 GDP 比重/%	数量/万人	占全国比重/%	面积/平方千米	占全国比重/%	数额/元	与全国人均 GDP 之比
东部	480 996	54.8	53 750	40.5	929 768	9.9	89 487	1.35
中部	156 232	17.8	30 212	22.8	816 764	8.7	51 713	0.78
西部	184 302	21.0	37 956	28.6	6 881 556	72.9	48 557	0.73
东北	56 752	6.5	10 836	8.2	808 400	8.6	52 371	0.79

四大区域经济增长核算结果比较见表 6-2。改革开放 40 年（1978—2017 年）来，东部地区全要素生产率增长率年均 3.6%，对经济增长的贡献率为

33.9%，东部地区全要素生产率增长率在四个区域中最低且对经济增长的贡献率最小；中部地区全要素生产率增长率年均4.3%，对经济增长的贡献率为43.4%，中部地区全要素生产率增长率在四个区域中最高且对经济增长的贡献率最大；西部部地区全要素生产率增长率年均4.2%，对经济增长的贡献率为42.2%；东北地区全要素生产率增长率年均3.0%，对经济增长的贡献率为34.9%。分时段来看，1978—1987年，东部、中部、西部和东北地区全要素生产率增长率分别为2.9%、4.9%、4.2%和2.1%，东北地区最低，其次是东部地区，中部和西部地区较高；1988—1997年，东部、中部、西部和东北地区全要素生产率增长率分别为4.3%、4.7%、4.9%和3.2%，东北地区最低，东部、中部和西部地区均较高；1998—2007年，东部、中部、西部和东北地区全要素生产率增长率分别为4.3%、4.5%、4.2%和5.3%，东北地区最高，东部、中部和西部地区均较高；2008—2017年，东部、中部、西部和东北地区全要素生产率增长率分别为3.0%、3.2%、3.5%和1.5%，东北地区最低，其次是东部地区，中部和西部地区较高，但是也明显低于前一时间段。

表6-2 不同区域经济增长核算比较

地区	时间段	产出增长率/%	全要素生产率增长率/%	TFP增长率对经济增长的贡献率/%
东部	1978—1987年	10.3	2.9	28.4
	1988—1997年	12.0	4.3	35.5
	1998—2007年	11.6	4.3	36.9
	2008—2017年	9.0	3.0	33.5
	1978—2017年	10.7	3.6	33.9
中部	1978—1987年	9.7	4.9	50.6
	1988—1997年	9.6	4.7	48.5
	1998—2007年	10.3	4.5	43.4
	2008—2017年	10.0	3.2	32.3
	1978—2017年	9.9	4.3	43.4

表3-3(续)

地区	时间段	产出增长率/%	全要素生产率增长率/%	TFP 增长率对经济增长的贡献率/%
西部	1978—1987 年	9.0	4.2	46.6
	1988—1997 年	9.3	4.9	52.6
	1998—2007 年	10.4	4.2	40.2
	2008—2017 年	10.5	3.7	35.1
	1978—2017 年	9.8	4.2	43.2
东北	1978—1987 年	8.1	2.1	25.2
	1988—1997 年	8.0	3.2	40.1
	1998—2007 年	10.2	5.3	51.8
	2008—2017 年	8.4	1.5	18.4
	1978—2017 年	8.7	3.0	34.9

（4）省会与副省级城市同其他地级市在技术进步速度方面有一定差异。1999—2007 年，省会与副省级城市技术进步速度均值为 0.030 44，其他地级市为 0.039 08；2008—2017 年，省会与副省级城市技术进步速度均值为 0.005 64，其他地级市为 0.003 32。总体来看，前一时间段省会与副省级城市技术进步速度平均较慢，而后一时间段略快。这与平均贡献率低于 50%有关，也表明省会与副省级城市更有可能是要素驱动增长型的。

（5）技术进步方向方面，无论是省级层面还是地级市层面均表明，资本效率增长率低于劳动效率增长率。由于省级层面替代弹性低于 1，导致技术进步偏向资本；但是地级层面替代弹性高于 1，因此技术进步偏向劳动。

（6）二元经济结构影响技术进步偏向。无论是省级城市层面数据、省会与副省级城市层面数据，还是一般地级市层面数据都表明了这一点：二元经济结构程度越高，即第一产业就业占比越高，技术进步越偏向资本。

（7）经济发展程度影响技术进步偏向。三个层面的数据均表明：以人均收入或人均资本存量度量的经济发展程度负向影响技术进步偏向指数，这意味着经济发展程度越高，技术进步越偏向劳动。

参考文献

[1] 蔡昉. 中国的人口红利还能持续多久 [J]. 经济学动态, 2011 (6).

[2] 蔡昉. 劳动力短缺: 我们是否应该未雨绸缪 [J]. 中国人口科学, 2005 (6).

[3] 蔡晓陈. 中国资本投入: 1978—2007——基于年龄-效率剖面的测量 [J]. 管理世界, 2009 (11).

[4] 蔡晓陈. 中国二元经济结构变动与全要素生产率周期性 [J]. 管理世界, 2012 (6).

[5] 曹吉云. 我国总量生产函数与技术进步贡献率 [J]. 数量经济技术经济研究, 2007 (11).

[6] 曹乾. 我国保险业运营效率问题研究 [J]. 产业经济研究, 2006 (11).

[7] 陈晓玲, 连玉君. 资本-劳动的替代弹性地区经济增长 [J]. 经济学 (季刊), 2012 (1).

[8] 陈晓玲, 徐舒. 要素替代弹性、有偏技术进步对我国工业能源强度的影响 [J]. 数量经济技术经济研究, 2015 (3).

[9] 戴天仕, 徐现祥. 中国的技术进步方向 [J]. 世界经济, 2010 (11).

[10] 单豪杰. 中国资本存量 K 的再估算: 1952—2006 年 [J]. 数量经济技术经济研究, 2008 (10).

[11] 邓明. 人口年龄结构与中国省际技术进步方向 [J]. 经济研究, 2014 (3).

[12] 邓明. 技术进步偏向与中国地区经济波动 [J]. 经济科学, 2015 (1).

[13] 董直庆, 安佰珊. 劳动收入占比下降源于技术进步偏向性吗? [J]. 吉林大学社会科学学报, 2013, 53 (4).

[14] 董直庆, 蔡啸. 技术进步方向、城市用地规模和环境质量 [J].

经济研究，2014（10）.

［15］董直庆，陈锐. 技术进步偏向性变动对全要素生产率增长的影响［J］. 管理学报，2014，11（8）.

［16］董直庆，戴杰，陈锐. 技术进步方向及其劳动收入分配效应检验［J］. 上海财经大学学报，2013，15（5）.

［17］董直庆，徐晓莉. 技术进步方向及其对全要素生产率的作用效应检验［J］. 东南大学学报，2016，18（2）.

［18］段国蕊. 制造业部门技术进步的偏向性水平分析：基于区域特征视角［J］. 华东经济管理，2014，28（4）.

［19］段文斌，尹向飞. 中国全要素生产率研究评述［J］. 南开经济研究，2009（2）.

［20］傅晓霞，吴利学. 全要素生产率在中国地区差异中的贡献：兼与彭国华和李静等商榷［J］. 世界经济，2006（9）.

［21］傅晓霞，吴利学. 前沿分析方法在中国经济增长核算中的适用性［J］. 世界经济，2007（7）.

［22］郭磊磊，郭剑雄. 基于农业要素收益率视角的“刘易斯拐点”判断［J］. 经济经纬，2018（3）.

［23］郭庆旺，贾俊雪. 中国全要素生产率的估算：1979—2004［J］. 经济研究，2005（6）.

［24］郭庆旺，赵志耘，贾俊雪. 中国省份经济的全要素生产率分析［J］. 世界经济，2005（5）.

［25］胡鞍钢. 未来经济增长取决于全要素生产率提高［J］. 政策，2003（1）.

［26］黄红梅，石柱鲜. 技术进步偏向、周期波动分解与产业结构分析［J］. 经贸研究，2014（1）.

［27］黄先海，徐圣. 中国劳动收入比重下降成因分析：基于劳动节约型技术进步的视角［J］. 经济研究，2009（7）.

［28］亢霞，刘秀梅. 我国粮食生产的技术效率分析：基于随机前沿分析方法［J］. 中国农村观察，2005（4）.

［29］科埃利，等. 效率与生产率分析引论（第二版）［M］. 王忠玉，译. 北京：中国人民大学出版社，2009.

［30］雷钦礼. 偏向性技术进步的测算与分析［J］. 统计研究，2013，30（4）.

[31] 雷钦礼，徐家春. 技术进步偏向、要素配置偏向与我国 TFP 的增长 [J]. 统计研究，2015，32 (8).

[32] 李宾，曾志雄. 中国全要素生产率变动的再测算：1978—2007 年 [J]. 数量经济技术经济研究，2009 (3).

[33] 李博文，孙树强. 基于部门偏向技术进步的工业与农业部门间生产率差异解释 [J]. 商业研究，2015 (8).

[34] 李京文. 生产率与中美日经济增长研究 [M]. 北京：中国社会科学出版社，1993.

[35] 李京文，龚飞鸿，明安书. 生产率与中国经济增长 [J]. 数量经济技术经济研究，2006 (12).

[36] 李京文，钟学义. 中国生产率分析前沿 [M]. 北京：社会科学文献出版社，1998.

[37] 李培. 中国城市经济增长的效率与差异 [J]. 数量经济技术经济研究，2007 (7).

[39] 刘丽. 工业化进程中实际工资的变化：技术进步偏向视角的分析 [J]. 经济评论，2008 (4).

[40] 刘小玄. 中国工业企业的所有制结构对效率差异的影响 [J]. 经济研究，2000 (2).

[41] 刘岳平，文余源. 制度变迁、技术进步偏向与要素收入分配 [J]. 武汉理工大学学报，2016，29 (2).

[42] 刘志恒，王林辉. 相对增进型技术进步和我国要素收入分配：来自产业层面的证据 [J]. 财经研究，2015，41 (2).

[43] 刘志恒，王林辉. 中国进口贸易结构的技术偏向与优化调整 [J]. 学习与实践，2016 (2).

[44] 陆雪琴，章上峰. 技术进步偏向定义及其测度 [J]. 数量经济技术经济研究，2013 (8).

[45] 吕振东，郭菊娥. 中国能源 CES 生产函数的计量估算及选择 [J]. 中国人口·资源与环境，2009，19 (4).

[46] 潘士远. 最优专利制度、技术进步方向与工资不平等 [J]. 经济研究，2008 (1).

[47] 宋东林，王林辉，董直庆. 资本体现式技术进步及其对经济增长的贡献率 (1981—2007) [J]. 中国社会科学，2011 (2).

[48] 速水佑次郎，弗农·拉坦. 技术与制度变革理论 [M] //郭熙保.

发展经济学经典论著选. 北京: 中国经济出版社, 1998: 386-411.

[49] 孙琳琳, 任若恩. 中国资本投入和全要素生产率的估算 [J]. 世界经济, 2005 (12).

[50] 孙焱林, 温湖炜. 中国省际技术进步偏向测算与分析: 1978—2012年 [J]. 中国科技论坛, 2014 (11).

[51] 涂正革, 肖耿. 中国的工业生产力革命: 用随机前沿生产模型对中国大中型工业企业全要素生产率增长的分解及分析 [J]. 经济研究, 2005 (3).

[52] 汪克亮, 杨力. 考虑技术进步偏向性的全要素生产率及其演变 [J]. 软科学, 2014, 28 (3).

[53] 王班班, 齐绍洲. 中国工业技术进步的偏向是否节约能源 [J]. 中国人口·资源与环境, 2015, 25 (7).

[54] 王光栋. 有偏技术进步、技术路径与就业增长 [J]. 工业技术经济, 2014 (12).

[55] 王光栋, 芦欢欢. 技术进步来源的就业增长效应: 以技术进步的要素偏向性为视角 [J]. 工业技术经济, 2015 (8).

[56] 王林辉, 蔡啸. 中国技术进步技能偏向性水平: 1979—2010 [J]. 经济学动态, 2014 (4).

[57] 王林辉, 韩丽娜. 技术进步偏向性及其要素收入分配效应 [J]. 求是学刊, 2012, 39 (1).

[58] 王林辉, 赵景. 技术进步偏向性及其收入分配效应: 来自地区面板数据的分位数回归 [J]. 求是学刊, 2015, 42 (4).

[59] 王林辉, 赵景, 李金城. 劳动收入份额U形演变规律的新解释: 要素禀赋结构与技术进步方向的视角 [J]. 财经研究, 2015, 41 (10).

[60] 王林辉, 袁礼. 要素丰裕度、技术进步偏向性与中国农业部门要素收入分配结构 [J]. 东北师范大学学报 (哲学社会科学版), 2015 (1).

[61] 王小鲁, 中国经济增长的可持续性与制度变革 , 经济研究, 2000 (7).

[62] 王燕, 陈欢. 技术进步偏向、政府税收与中国劳动收入份额 [J]. 财贸研究, 2015 (1).

[63] 王永保. 提高我国装备制造业全要素生产率的途径探讨 [J]. 煤炭经济研究, 2007 (9).

[64] 王争, 郑京海, 史晋川. 中国地区工业生产绩效: 结构差异、制度冲

击及动态表现［J］. 经济研究，2006（11）.

［65］王志刚，龚六堂，陈玉宇. 地区间生产效率与全要素生产率增长率分解［J］. 中国社会科学，2006（2）.

［66］魏权龄. 评价相对有效性的 DEA 方法：运筹学的新领域［M］. 北京：中国人民大学出版社，1988.

［67］项松林. 异质性企业偏向性技术变迁与动态比较优势［J］. 中国经济问题，2013（5）.

［68］谢千里，罗斯基，郑玉歆. 论国营工业生产率［J］. 经济研究，1994（10）.

［69］谢千里，罗斯基，郑玉歆. 改革以来中国工业生产率变动趋势的估计及其可靠性分析［J］. 经济研究，1995（12）.

［70］颜鹏飞，王兵. 技术效率、技术进步与生产率增长：基于 DEA 的实证分析［J］. 经济研究，2004（12）.

［71］杨艳，李雨佳. 技术进步偏向与劳动力要素的关系研究：以中国制造为例［J］. 云南财经大学学报，2015（2）.

［72］杨振兵，邵帅. 生产比较优势、棘轮效应与中国工业技术进步的资本偏向［J］. 数量经济技术经济研究，2015（9）.

［73］杨振兵. 中国制造业创新技术进步要素偏向及其影响因素研究［J］. 统计研究，2016，33（1）.

［74］姚洋. 非国有经济成分对我国工业企业技术效率的影响［J］. 经济研究，1998（12）.

［75］姚毓春，袁礼. 中国工业部门要素收入分配格局：基于技术进步偏向性视角的分析［J］. 中国工业经济，2014（8）.

［76］姚战琪. 生产率增长与要素再配置效应：中国的经验研究［J］. 经济研究，2009（11）.

［77］姚战琪. 中国生产率增长与要素结构变动的关系研究［J］. 社会科学辑刊，2011（4）.

［78］易纲，樊纲，李岩. 关于中国经济增长与全要素生产率的理论思考［J］. 经济研究，2003（8）.

［79］易信，刘凤良. 中国技术进步偏向资本的原因探析［J］. 上海经济研究，2013（10）.

［80］余思勤，蒋迪娜，卢剑超. 我国交通运输业全要素生产率变动分析［J］. 同济大学学报（自然科学版），2004（6）.

[81] 袁志刚，解栋栋. 中国劳动力错配对TFP的影响分析 [J]. 经济研究，2011 (7).

[82] 岳书敬，刘朝明. 人力资本与区域全要素生产率分析 [J]. 经济研究，2004 (4).

[83] 张健华，王鹏. 中国全要素生产率：基于分省份资本折旧率的再估计 [J]. 管理世界，2012 (10).

[84] 张军，吴桂英，张吉鹏. 中国省际物质资本存量估算：1952—2000 [J]. 经济研究，2004 (10).

[85] 张莉. 国际贸易、偏向型技术进步与要素分配 [J]. 经济学，2012，11 (2).

[86] 张莉侠，刘荣茂，孟令杰. 中国乳制品业全要素生产率变动分析：基于非参数Malmquist指数方法 [J]. 中国农村观察，2006 (6).

[87] 章祥荪，贵斌威. 中国全要素生产率分析：Malmquist指数法评述与应用 [J]. 数量经济技术经济研究，2008 (6).

[88] 郑京海，胡鞍钢. 中国改革时期省际生产率增长变化的实证分析 [J]. 经济学（季刊），2005 (2).

[89] 郑京海，刘小玄. 1980- 1994期间中国国有企业的效率、技术进步和最佳实践 [J]. 经济学（季刊），2002 (4).

[90] 郑猛，杨先明. 有偏技术进步下的要素替代与经济增长 [J]. 山西财经大学学报，2015 (37).

[91] 郑玉歆. 全要素生产率的测度及经济增长方式的阶段性规律：由东亚经济增长方式的争论谈起 [J]. 经济研究，1999 (5).

[92] 郑玉歆，张晓，张思奇. 技术效率、技术进步及其对生产率的贡献：沿海工业企业调查的初步分析 [J]. 数量经济技术经济研究，1995 (12).

[93] 钟世川. 要素替代弹性、技术进步偏向与我国工业行业经济增长 [J]. 当代经济科学，2014，36 (1).

[94] 钟世川. 技术进步偏向与中国工业行业全要素生产率增长 [J]. 经济学家，2014 (7).

[95] 钟世川. 技术进步偏向对制造业就业增长的影响 [J]. 西部论坛，2015，25 (6).

[96] 钟世川，刘岳平. 中国工业技术进步偏向研究 [J]. 云南财经大学学报，2014 (2).

[97] 祝侃，于忠军，盛力. 全要素生产率与企业的发展 [J]. 山东科技

大学学报（社会科学版），1999（4）.

[98] ABRAMOWITZ M. Resource and output trends in the United States since 1870 [J]. American Economic Review, 1956（46）.

[99] D ACEMOGLU. Patterns of Skill Premia [J]. Review of Economic Studies, 2003, 70（2）.

[100] D ACEMOGLU. Equilibrium Bias of Technology [J]. Econometrica, 2007, 75（5）.

[101] D ACEMOGLU, U AKCIGIT, D HANLEY, W KERR. Transition to Clean Technology [J]. Journal of Political Economy, 2016, 124（1）.

[102] D ACEMOGLU. Introduction to Modern Economic Growth [M]. New Jersey: Princeton University Press, 2009.

[103] D ACEMOGLU, F ZILIBOTTI. Producitivity differences [J]. Quaterly Journal of Economics, 2011（116）.

[104] AGHION PHILLIPPE, PETER HOWITT. The Economics of Growth [M]. Cambridge MA: MIT Press, 2009.

[105] S AHMAD. On the Theory of Induced Invention [J]. The Economic Journal, 1966, 76（6）.

[106] D J AIGNER, C A K LOVELL, P SCHMIDT. Formulation and Estimation of Stochastic Frontier Production Function Models [J]. Journal of Econometrics, 1977（6）.

[107] R D BANKER, A CHARNES, W W COOPER. Some models for estimating technical and scale Inefficiencies in data envelopment analysis [J]. Management Science, 1984, 30（9）.

[108] BARRO R X, XAVIER SALA I MARTIN. Economic Growth（2nd Edition）[M]. London: MIT Press, 2004.

[109] BARRO R X, XAVIER SALA I MARTIN. Regional growth and migration: a Japan-United states comparison [J]. Journal of Japanese and International Economies, 1992, 6（4）.

[110] BARRO R X, XAVIER SALA I MARTIN. Convergence [J]. Journal of Political Economy, 1992, 100（2）.

[111] BARRY BOSWORTH, SUSAN M COLLINS. Accounting for growth: comparing China and India [J]. NBER Working Paper, No. 12943, 2007.

[112] BARTON G, AND M. COOPER. Relation of agricultural production to

inputs [J]. The Review of Economics and Statistics, 1948 (30).

[113] E BATTESE, T COELLI. Frontier production functions, technical efficiency and panel data: with application to paddy farmers in India [J]. Journal of Productivity Analysis, 1992 (3).

[114] E BATTESE, T COELLI. A model of technical inefficiency effects in stochastic frontier production for panel data [J]. Empirical Economics, 1995 (20).

[115] OLIVIER J BLANCHARD. The Medium Run [J]. Brookings Papers on Economic Activity, 1997 (2).

[116] CAVES D W, CHRISTENSEN L R, W E DIEWART. The economic theory of index numbers and measurement of input, output and productivity [J]. Econometrica, 1982, 50 (6).

[117] A CHARNES, W W COOPER. E RHODES. Measuring the Efficiency of Decision Making Units [J]. European Journal of Operational Research, 1978, 2 (6).

[118] CHOW, C GREGORY. Capital Formation and Economic Growth in China [J]. Quarterly Journal of Economics, 1993, 108 (3).

[119] CHRISTENSEN L, AND D. JORGENSON. The measurement of U. S. real capital input, 1929-1967 [J]. Review of Income and Wealth, 1969 (15).

[120] CHRISTENSEN L, D JORGENSON. U. S. real product and real factor input, 1929-1967 [J]. Review of Income and Wealth, 1970 (16).

[121] CHRISTENSEN L, D. JORGENSON, L LAU. Transcendental logarithmic production frontiers [J]. The Review of Economics and Statistics, 1973 (55).

[122] DAVID P A, VAN DE KLUNDERT T, Biased efficiency growth and capital labor substitution in the US, 1899-1960 [J]. American Economic Review, 1965, 55 (3).

[123] DENISON E. The sources of economic growth in the United States and the alternatives before Us. [M]. New York: Committee for Economic Development, 1962.

[124] DENSION E. Why growth rates differ [M]. Washington D C: Brookings Institute, 1967.

[125] DIEWERT E. Exact superlative index numbers [J]. Journal of Econometrics 1976 (4).

[126] FÄRE R, GROSSKOPF S, NORRIS M. Index Numbers: Essays in

Honor of Stem Malmquist [M]. Boston: Kluwer Academic Publishers, 1998.

[127] FARRELL J M. The measurement of productive efficiency [J]. Journal of the Royal Statistical Society, Series A (3).

[128] FEI JOHN C H, GUSTAV RANIS. Development of the Labor Surplus Economy: Theory and Policy [M]. Irwin: Homewood, 1964.

[129] FELLER WILLIAM. Two Propositions in the Theory of Induced innovation [J]. Economics Journal, 1961, 71 (282).

[130] FRAUMENI B, F GALLOP, D JORGENSON. Productivity and U. S. economic growth [M]. Cambridge, MA: Harvard University Press, 1987.

[131] GOLDSMITH R W. A perpetual inventory national wealth [J/EB] //Studies in Income and Wealth, 1951 (14) http: //www. nber. org/books/unkn51-2.

[132] GUILLOCHES Z, D JORGENSON. Sources of measured productivity change: Capital input [J]. American Economic Review, 1966 (56).

[133] HARROD R F. Review of John Robinson's Essays in the Theory of Employment [J]. Economic Journal, 1937, 47 (188).

[134] HARROD R F. Towards Dynamic Economics: Some Recent Development of Economic Theory and their applications to Policy [M]. London: Macmillan, 1948.

[135] HICKS J R. The Theory of Wages [M]. London: Macmillan, 1932.

[136] HULTEN C R. Total factor productivity: a short biography [J]. NBER Working Paper No. 7471, 2000.

[137] ORGENSON D. The embodiment hypothesis [J]. Journal of Political Economy, 1966 (74).

[138] JORGENSON D, Z GUILLOCHES. The Explanation of Productivity Change [J]. Review of Economic Studies, 1967, 34 (3).

[139] JORGENSON D, B FRAUMENI. Investment in education and U. S. economic growth [J]. Scandinavian Journal of Economics, 1992 (94).

[140] JORGENSON D, Z GUILLOCHES. The explanation for productivity change [J]. Review of Economic Studies, 1967 (34).

[141] JORGENSON D, Productivity, Volume 1: Postwar U. S. Economic Growth [M]. Cambridge MA: MIT Press, 1995.

[142] KENDRICK J. Productivity trends: Capital and labor [J]. The Review of Economics and Statistics, 1956 (38).

[143] KENDRICK J. Productivity trends in the United States [M]. Princeton: Princeton University Press, 1961.

[144] KENDRICK J, C JONES. Gross national farm product in constant dollars, 1910-50 [J]. Survey of Current Business, 1951 (31).

[145] KENNEDY C. Induced Bias in Innovation and the Theory of Distribution [J]. Economic Journal, 1964, 74 (295).

[146] P KLENOW, A RODRIGUEZ - CLARE. The neoclassical revival in growth economics: has It gone too far? [J]. NBER Macroeconomics Annual, 1997 (12).

[147] R P KLUMP. MacAdam, A Willman. Factor Substitution and Factor Augmenting Technical Progress in the US: A Normalized Supply- Side System Approach [J]. Review of Economics and Statistics, 2007, 89 (1).

[148] S KUMBHAKAR, C LOVELL. Stochastic frontier analysis [M]. New York: Cambridge University Press, 2000.

[149] S KUZNETS. Modern economic growth, findings and reflections [J]. American Economic Review, 1973 (63).

[150] LAURITS R CHRISTENSEN, DALE W JORGENSON, J LAWRENCE. Transcendental logarithmic production frontiers [J]. The Review of Economics and Statistics, 1973 (55).

[151] Lewis Arthur. Economic Development with Unlimited Supplies of Labor [J]. Manchester School Economic and Social Studies, 1954, 22 (2).

[152] Lucas R E. On the mechanics of economic development [J]. Journal of Monetary Economics, 1988 (22).

[153] N MURAKAMI, D LIU, K OTSUKA. Market Reform, Division of Labor and Increasing Advantage of Small Scale Enterprises: The Case of Machine Tool Industry in China [J]. Journal of Comparative Economics, 1996 (23).

[154] NORDHAUS W D. Some Skeptical Thoughts on the Theory of Induced Innovation [J]. Quarterly Journal of Economics, 1973, 87 (2).

[155] OECD. Measuring Productivity- OECD Manual [M]. https://www.oecd-ilibrary.org, 2001.

[156] R SATO, T MORITA. Quantity or Quality: The Impact of Labor-Saving Innovation on US and Japanese Growth Rates 1960—2004 [J]. Japanese Economic Review, 2009, 60 (4).

[157] SCHMOOKLER J. The changing efficiency of the American economy 1869-1938 [J]. The Review of Economics and Statistics, 1952 (34).

[158] SOLOW R. Technical change and the aggregate production function [J]. The Review of Economics and Statistics, 1957 (39).

[159] SOLOW R M. Investment and Technical Progress [M] //ARROW K, KARLIN S. Mathematical Methods in the Social Sciences. Stanford: Stanford University Press, 1960.

[160] STIGLER G. Trends in output and employment [M]. Cambridge, MA: NBER, 1947.

[161] SUABLE C, KUMBHAKAR. A Reexamination of Returns to Scale, Density and Technical Progress in U. S. Airlines [J]. Southern Economic Journal, 1990, 57 (2).

[162] SYVERSON C. What determines productivity? [J]. Journal of Economic Literature, 2011, 49 (2).

[163] TINBERGEN J. Zur Theorie der Langfristigen Wirtschaftsentwicklung [On the theory of long-term economic growth [J]. Weltwirtschaftliches Archiv, 1942 (55).

[164] YOUNG A. The tyranny of numbers: Confronting the statistical realities of the East Asian growth experience [J]. Quarterly Journal of Economics, 1995 (110).